나는 오늘부터
부자가 되기로
결심했다

나는 오늘부터 부자가 되기로 결심했다

초판 1쇄 인쇄일 2019년 2월 1일 • 초판 1쇄 발행일 2019년 2월 11일
지은이 김코치(김도윤)
펴낸곳 도서출판 예문 • 펴낸이 이주현
등록번호 제307-2009-48호 • 등록일 1995년 3월 22일 • 전화 02-765-2306
팩스 02-765-9306 • 홈페이지 www.yemun.co.kr
주소 서울시 강북구 솔샘로67길 62(미아동, 코라아나빌딩) 904호

ISBN 978-89-5659-356-2 13320

김코치(김도윤) 지음

부자가 되기로
결심한
순간부터
부자가 될 수 있다

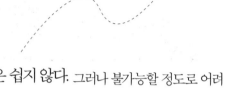

경제적 자유를 얻는 길은 쉽지 않다. 그러나 불가능할 정도로 어려운 것은 절대 아니다. 마음만 먹는다면 누구나 할 수 있다고 믿는다.

자수성가한 대다수 사람이 그러하듯, 나 또한 지금껏 돈을 벌고 이자리에 오기까지 많은 어려움과 녹록지 않은 과정을 겪었다. 그러나 돌이켜 보면 그것은 누구라도 극복할 수 있는 일들이었다. 나는 지극히 평범한 보통 사람이다. 내가 할 수 있었다면, 그리고 도달할 수 있었다면 이책을 읽는 누구든지 가능하다!

혹자는 이렇게 말할지도 모른다.

"이미 이뤄났으니까 쉽게 말하는 거지, 평범한 사람이 부자가 되기란 하늘의 별 따기다!"

그렇다면 나의 이야기를 한 번 들어보길 바란다.

지금으로부터 9년 전, 죽고 싶지는 않았지만 살고 싶지도 않던 때가 있었다. 주식 투자 실패로 전 재산을 날리고 그것도 모자라 차도 팔고, 받을 수 있는 모든 대출을 받았다. 그렇게 다시 주식에 투자했지만 그마저 모두 날렸을 때, 희망은 고사하고 살고 싶은 생각조차 없었다. 매일 밤 두세 시가 되어서도 잠이 오지 않아 침대에 가만히 누워있으면 나도 모르게 두 눈에 흘러내리던 눈물을 아직도 잊지 못한다. 후회하기에는 너무 늦었다고 생각했다. 솔직히 내 인생은 실패한 인생이라고 말이다.

그럼에도 불구하고, 나는 억울했다. 지금까지 밤낮으로 어떻게 일하며 돈을 모았는데……! 이렇게 모든 것을 잃은 채로 무기력하게 포기하고 싶지는 않았다.

그때까지 나는 갖고 싶은 것, 먹고 싶은 것도 그놈의 돈 때문에 한 번 더 고민해야 하는 인생을 살아왔었다. 솔직히 말해 더는 그렇게 살고 싶지 않았다. 한 번뿐인 인생인데 누구보다 잘살고 싶었다. 나를 위해 그리고 사랑하는 내 가족을 위해서 말이다.

그 결심이 내 인생을 바꿨다

흔히 누구에게나 인생에 3번의 기회가 찾아온다고 한다. 당시 나는 아직 3번의 기회 중 단 한 번도 만난 적이 없다고 믿었다. 그래야만 작은 희망이라도 품고 다시 시작할 힘을 낼 수 있을 것 같았기 때문이다.

바닥을 친 상황에서 내가 가진 것이라고는 간절함과 절실함, 아직 기회가 있으리란 믿음뿐이었다. 나는 얼토당토않지만 '부자가 되겠다'고 결심했다. 절망에서 희망으로, 어둠에서 빛으로 인생의 방향을 완전히 바꿔 놓으리라 마음먹은 것이다. 그리고 바로 그 순간부터 앞만 보고 달렸다. 낮에는 카드 영업을 하고 밤에는 투자 공부를 했다. 이번에는 주식이 아닌 부동산 경매였다. 단언컨대 '열심히' 정도가 아니라 매일을 정말 치열하게 살며, 반드시 원하는 것을 얻겠다는 간절함으로 하루, 한 달 그리고 일 년을 버텼다.

이후 결과는 여러분이 아는 바와 같다. 3년이 지난 어느 날, 나는 삶이 꿈꾸던 방향으로 나아가고 있음을 깨달았다. 경제적으로 자유로워지고 있음을 느낀 것이다. 그 순간부터 인생이 완전히 달라지기 시작했다.

  당시 모든 것을 포기하고 아무런 시도조차 하지 않았다면, 나는 아마도 이 자리에서 이렇게 글을 쓰거나 강의를 하지 못했을 것이다. 매월 카드값, 월세, 생활비, 대출금 등을 걱정하며 돈 걱정에서 벗어나지 못하는 하루하루를 살고 있을지 모른다. 급여보다 빠르게 오르는 집값을 바라보며 불평과 불만만 가득했을지도.

  혹자는 운이 좋아서, 마침 그 시기에 투자를 시작한 덕분에 돈을 많이 벌지 않았느냐고 말할지 모른다. 10% 정도는 동의할 수 있으나, 90%는 자신 있게 아니라고 할 수 있다. 투자는 결과론이나, 그 결과 안에는 무수히 많은 리스크가 존재하기 때문이다.

  무엇보다 힘든 것은 자기 자신과의 싸움이 아닐까 한다. 여기에 더해, 외로움과 두려움을 이겨내고 끝까지 갈 수 있는 힘이 있느냐가 중요하다.

사람들은 쉽게 '타이밍이 좋았다'고 말하지만, 좋은 타이밍이란 스스로 만드는 것이다. 타이밍이 좋았는데도 행동하지 않는다면 좋은 결과로 이어질 수 있을까? 투자하기에 좋은 시기였는데도 돈을 벌지 못한 사람들이 있는 반면, 시기가 별로 좋지 않았음에도 불구하고 돈을 번 사람들은 어떻게 된 것일까? 모든 일은 어떻게 마음먹고 행동하느냐에 달렸다.

경제적 자유로 가는 항로를 선택하라

성실하게 사는 데도 나이 먹을수록 가난해지는 사람들이 있다. 그런가 하면, 어느 시점에 이른 후부터는 가만히 있어도 순풍에 돛단 듯 부富를 향해 순항하는 사람도 있다. 차이가 무엇일까? 인생을 뱃길에 비유하자면, 서로 다른 항로를 선택했기 때문이다.

전자는 잔잔한 호수에 떠 있는 작은 배와 같은 인생을 산다. 일견 평화로워 보인다. 그러나 사실 배를 탄 사람은 가라앉지 않기 위해 끊임없이 노를 저어야 하는 운명이다.

후자의 인생은 바다에 떠다니는 배와 같다. 대양大洋으로 나아가기 위해서는 일단 바다에 배를 띄워야 한다. 바다에서 운행할 만한 배를 만들기 위해서는 많은 준비가 필요할 것이다. 바다에 나간 후에도 험난한 파도로 고생할지 모른다. 그러나 일단 큰 바람을 만나 돛을 펴게 되면 그 순간부터는 순항할 수 있다. 빠른 속도로, 이전에는 상상도 못 했던 큰 세계를 향해 전진하게 된다.

전자인가 후자인가? 후자를 선택했다면 무엇부터 시작해야 하는가?

정답은 바로 '지금부터 부자가 되기로 결심하는 것'이다. 일단 바다로 나아가겠다는 마음부터 먹어야 한다.

원하는 인생을 향해 가기 위해서는 여러 준비와 과정이 필요할 것이다. 때로는 어려움에 부닥칠 수도 있다. 그러나 결심만 있다면 문제는 어떤 방식으로든 풀린다.

이렇게 말할 수 있는 것은 나 자신이 그런 과정을 겪었기 때문이다. 스스로 해결한 문제도 있었고, 다른 분들로부터 고마운 도움을 받기도 했다. 이제는 나 또한 도움이 필요한 분들에게 되돌려주고 싶은 마음이다. 행복한 삶과 경제적 자유를 꿈꾸는 분, 인생의 터닝 포인트가 필요한 분들에게 이 책이 작은 희망이 되기를 바란다.

이 책에서 말하는 '부자'는 보통 사람이 범접할 수 없는 재벌 또는 준재벌급의 부자가 아니다. 흙수저였던 나 자신을 비롯하여 이 책에서 소개할 사례자들 파트3 참고은 모두 회사원, 워킹맘, 학원 강사, 경력단절 여성 등 평범한 사람들이다. 이런 보통 사람들이 경제적 자유를 성취한 상태가 내가 이야기하는 '부자'이다.

부자가 되기는 어렵지 않다. 그러나 누구나 부자가 되는 것은 아니다. 이유가 무엇일까?

지난 경험을 통해 투자 상황은 매일, 매월 달라질 수 있으나 부자로 가는 길에는 변치 않는 법칙이 존재함을 알게 되었다. 그리고 투자 이론만으로는 절대 부자가 될 수 없다는 것도 깨달았다. 원인이 있어야 결과가 있듯, 부자가 되기 위한 요건을 발동시켜야 진짜 부자가 될 수 있다. 지금부터 이러한 것들을 소개하려 한다.

책 한 권이 인생을 바꿀 리는 만무하지만, 책 한 권이 변화의 계기가 될 수는 있지 않을까? 이 책을 읽는 모든 분이 진심으로 경제적인 자유를 얻고, 본인이 원하는 인생을 살게 되길 기원한다.

이 책을 출간하기까지 많은 관심과 도움을 주신 출판사 대표님과 관계자분들에게 감사드리며, 네이버카페 '김코치재테크' 회원분들과 이 책을 위해 함께해주신 8명의 회원분들에게도 특별히 감사의 마음을 전하고 싶다. 끝으로 힘들고 육체적으로 피곤함에도 불구하고, 이 책을 읽고 부자가 되기를 결심한 독자분들에게도 고마운 마음과 응원의 메시지를 보낸다. 파이팅!

CONTENTS

실천, 경제적 자유로 가는 여정에 시동 걸기
부자가 되기로 결심한 사람들의 현재 진행형 성공기

시작하는 투자자를 위한 부동산 투자 성공법칙
당신을 부자로 만들어줄 실전투자 시크릿

PART 01

결심

———

완전히 다른
삶을 위해 필요한
단 한 가지

간절히 새로운 시작을
꿈꾸는 당신에게

지금처럼 살고 싶지 않다면

나에게는 나 자신의 행복을
추구할 의무가 있다

●● 아침 6시 30분! 출근을 알리는 알람이 울리고 일어날 시간이다. 하지만 '5분만, 5분만 더'라며 뒤척이다가 결국에는 아침잠 10분의 달콤한 유혹을 이기지 못하고 이불을 뒤집어썼다. 그렇게 피곤한 몸을 이끌고 간신히 일어날 때쯤이면 시간은 어느덧 7시를 향해가고 있었다.

아침은 간단히 우유에 콘플레이크. 조금이라도 늦게 일어나면 그마저 먹지 못하고 출근하는 날이 많았다. 그런 날이면 출근길 지하철에는 왜 그리 사람이 많은지, 지하철이 아닌 지옥철을 타고 매일 왕복 2시간 넘게 출퇴근을 반복했다. 야근을 밥 먹듯이 하고 같은 회사 일을 반복하며 그것이 최선인 것 마냥 열심히 일만 했던 시절이 있었다.

그리고 매월 15일! 월급이 들어왔다는 문자를 받기 바쁘게 카드값, 대출금 등이 빠져나가는 알림이 오기 시작한다. 여기에 생활비, 월세를 빼고 나면 손에 남는 돈은 정말로 얼마 되지 않았다. 월급은 그야말로 사이버 머니나 다를 바 없었다. 이렇게 해서 돈은 언제 모으고 집은 언제 사지? 내가 원하는 차는? 대체 언제까지 이렇게 살아가야 하나? 오늘도 내일도 톱니바퀴처럼 매일 반복된 일과 일상. 몇 년이 지나든 딱히 달라지지도 특별히 좋아지지도 않는 인생. 어느 날 생각했다.

'모두가 그렇게 산다고 해도, 나는 절대 이렇게 살고 싶지 않다!'

이유는 명확했다. 단 한 번뿐인 나의 소중한 인생이기 때문이다. 20대가 가고 30대가 가고, 그렇게 나이만 먹다 보면 내가 원하던 삶은 어디서도 찾을 수 없게 될지 모른다. 지금까지 살아오면서 나 자신을 위해서 살아본 게 언제였는지 기억조차 나지 않았다.

지금까지 나는 무엇을 위해서 이렇게 아등바등하며 살아왔지? 앞으로 이렇게 살아도 괜찮은가?

근본적인 질문이 머릿속에 휘몰아쳤다.

내가 진정으로 원하는 인생은 무엇인가?

'그래! 좋다. 지금까지 나의 인생은 그렇다고 쳐도, 앞으로는 지금처럼 살고 싶지 않다. 절대로 말이다.'

누구나 살다 보면 크고 작은 시련을 겪기 마련이다. 그 크기의 정도만 다를 뿐, 누구나 삶의 많은 문제와 책임감을 가슴에 안고 살아가는 것 같다.

나 또한 마찬가지였다. 나는 아주 어릴 때 부모님이 이혼한 후 할머니 손에서 자랐다. 그래서 어머니의 얼굴도 모르는 채로 지금까지 40년 넘게 살아왔다. 그러나 그보다 더 힘든 것은 가난에 찌든 삶이었다. 시간이 지날수록 가난은 점점 더 깊어만 가고 가족의 생계는 나아질 기미가 전혀 보이지 않았다.

돈 때문에 걱정하고 싸우는 가족들을 하도 보다 보니 '돈! 돈! 돈!' 하는 말소리조차 듣기 싫었다. 가난이 나의 잘못은 아니라 해도, 나의 불행인 것만은 확실했다. 어릴 때부터 그런 생활에서 간절히 벗어나고 싶었는지 모르겠다. 그래서 밤낮으로 닥치는 대로 일하며 돈을 모으며 살아온 나였다.

'어떻게 하지? 어떻게 해야지만 삶의 구렁텅이에서 나 자신을 구할 수 있을까?'

어릴 때는 이런 생각밖에 없었다. 그리고 고민할수록 한 가지 분명한 결론에 다다르게 되었다.

"벗어나고 싶어. 내가 진정으로 원하는 삶은 이게 아니야."

🏢 **월세로 연봉받는 부자가 되고 싶다면**

이렇게 살고 싶지 않다면, 어떻게 살고 싶은지부터 생각하라.
당신이 원하는 삶은 어떤 모습인가?

가진 것 없이도, 나는 내 인생을 바꿀 수 있다

오늘 변하지 않으면
더는 물러설 곳이 없다는 마음으로 변화를 시도하라 —지그 지글러

●● 나는 대학도 나오지 않았고, 우리 가족에겐 나를 도와줄 만한 금전적인 여력이 전혀 없었다. 돈도 빽도 없는 인생에서 살아남으려면 과연 어떤 선택을 해야 할까? 고민하고 또 고민했다.

'나의 인생을 바꾸고 싶다'는 마음속 외침은 큰 메아리가 되어 가슴에서 요동치고 있었지만, 한편으로는 '과연 내가 할 수 있을까?'라는 두려움 또한 생겨났다. 그것보다 더 큰 문제는 '앞으로 무엇을 하며 살 것인가?'였다. 내가 남들보다 특별히 잘하는 게 무엇인지 생각하면 할수록 답답하고 머리만 아파왔다.

잘하는 것도 없고 특별히 하고 싶은 것도 없었다. 나는 단지 돈을 많이 벌고 싶은 마음, 그뿐이었다.

온종일 인상을 찌푸리고 고민하는 시간만 늘어나던 어느 날, 이렇게 해서는 아무것도 해결되지 않고 인생을 바꿀 수도 없겠다는 생각이 들었다.

'이대로는 죽도 밥도 안 된다!'

더 늦기 전에 선택해야 했다. 지금처럼 살아갈 것인가 아니면 내 인생을 위해 크게 발버둥 치면서 도전해 볼 것인가? 그리고 드디어 결심했다.

"그래! 지금과는 다른 인생을 살기 위해 시도해 보자!"

나는 그 길로 무작정 서울로 올라왔다. 그것이 가난으로부터 벗어날 수 있는 유일한 길이 아닐까 생각했다. 서울에 아는 사람이라고는 전혀 없었지만 인생을 바꿔 보겠다는 희망 하나로 2평 남짓한 고시원에서 서울살이를 시작했다. 비록 좁은 고시원 생활이었지만, 고생이라고 생각하기보다는 앞으로 이룰 게 더 많다는 생각으로, 나 자신을 믿고 앞만 보고 달려갔다.

그렇게 서울에서 여러 가지 일자리를 거쳐 결국 영업직에 정착했다.

그때도, 그리고 지금도 나는 직업 중 가장 공평한 것이 영업직이라고 생각한다. 영업은 아무것도 가진 것 없는 내가 다른 사람들과 경쟁하고, 남들보다 앞서갈 수 있는 유일한 일이었다. 무엇보다 나 자신이 어떻게 하느냐에 따라 많은 돈을 벌 수도, 그렇지 못할 수도 있었다. 오로지 나만 열심히 하고 잘하면 되는 것으로, 영업실적이 좋으면 내가 모두 보상받고 영업실적이 나쁘면 그에 따른 책임을 스스로 지는 것이 좋았다.

내가 선택한 것은 카드 영업이었다. 다른 영업도 마찬가지지만 카드 영업에서도 과정은 중요하지 않다. 오로지 영업실적, 즉 결과로만 그 사람을 판단하고 평가하는 게 영업의 세계다. 실적이 깡패라는 말이 있는데, 영업에서는 그 말이 진실이다.

카드 영업으로 억대 연봉자가 되다

세상에 쉬운 일은 없다. 그러나 그런 와중에도 누구보다 열심히, 정말 간절하게 일했다. 이게 아니면 기회가 없다는 생각으로 임했다. 구두가 아닌 검정운동화를 신고, 온종일 엘리베이터를 타고 빌딩을 오르내리며, 고객들을 상대했다. 일과 후에는 영업 관련 책을 읽고, 실적이 모자라면 밤늦게 일을 해서라도 꼭 실적을 채우고 퇴근했다. 그 결과 운 좋게도 나는 카드 영업으로 억대 연봉을 받게 되었다.

영업을 잘하거나 적성에 맞아서 하는 사람은 아마 드물 것이다. 나도 마찬가지였다. 사실 서울에 올라와 내가 카드 영업을 할 것이라고는 상상도 못 했었다. 하지만 돈도 빽도 스펙도 없는 내가 구할 수 있는 직업은 그리 많지 않았다. 다른 영업은 모르겠지만, 카드 영업을 하는 사람 중에 좋은 대학을 나오거나 스펙이 뛰어난 사람은 별로 없었다. 그리고 영업이 좋아서 그 일을 하는 사람도 별로 없었다.

물론 나도 영업을 좋아하지 않았다. 매일 아침 '오늘은 또 어디로 영업하러 가지?'라는 고민, 실적에 대한 압박과 스트레스 등으로 힘들긴 마찬가지였다. 솔직히 말하면 오로지 돈을 벌기 위해 일했을 뿐이다.

어쨌든 월 천만 원 이상은 벌었으니, 카드 영업으로 인해 몇 년간 많은 돈을 모을 수 있었다. 몇 년 뒤 일을 그만두었지만 나는 영업을 하면서 정말 많은 것을 경험하고 배웠다. 영업은 우리 인생의 축소판이라고 할 수 있다. 그 속에서 인생의 희로애락을 목격했고, 책에서는 절대로 배울 수 없는 성공방식들을 깨달았다. 무엇보다 값진 것은 나중에 내가 인생을 살아가는 데 도움이 된 많은 교훈을 얻었다는 것이다.

다만, 인생의 쓴맛을 경험하기 전에 이런 것들을 깨달았더라면 얼마나 좋았을까 싶다. 사람은 꼭 실패하거나 후회한 후에야 비로소 배움에 이른다는 말이 정말 맞는 듯하다. 어느 유명한 강사의 말이 생각난다.

"아는 만큼 보이며, 보인 만큼 느낀다."

월세로 연봉받는 부자가 되고 싶다면

적당히 살아서는 죽도 밥도 되지 않는다.
이것은 누가 뭐라 해도 바뀌지 않는 진리이다.

실패 그리고 다시 출발선에 선 나에게

어려움을 만났을 때, 멈추면 실패가 되지만
밀고 나가 성공을 하면 그것은 실패가 아니게 된다. — 마쓰시타 고노스케

●● 억대 연봉자가 되었어도 내 삶은 좀처럼 달라지지 않았다. 금전적으로는 조금 여유가 생겼을지 모르지만 카드 영업의 특성상 매월 실적을 유지하기 위해 사람들을 더 많이 만나다 보니 일이 늘어났다. 몸은 힘들어지고, 다른 것을 할 시간이 턱없이 부족했다. 한편 수입은 매월 일정하지 않고 안정적이지 못했다. 만약 어디 아프거나 다치기라도 해서 영업을 하지 못한다면 고스란히 실적으로 연결되었다. 그래서 더 불안했다.

몇 년 뒤, 나는 잘 나가던 영업직을 하루아침에 그만뒀다. 치열하게 살아온 나에게 주는 휴식 같은 것이라 생각했지만, 지금 와서 돌이켜 보면 참 어리석은 결정이었다. 영업을 그만두는 것까지는 이해가 된다. 그러나 앞으로 무엇을 하고 어떤 일을 할지 정도는 생각하고 그만뒀어야 했다. 당시 내가 무모한 결정을 내린 이유는 자신을 너무 믿고 자만심에 빠졌기 때문이었다.

준비 없는 퇴사 후, 나의 선택은 전업 주식 투자자가 되는 것이었다.

이유는 단 한 가지, 당시는 주식이 오르던 때여서 그 시기에 투자하면 성공할 것 같았기 때문이다. 이미 몇 년의 주식 투자로 돈을 벌었던 터라 스스로 투자를 잘한다고 착각했었다.

'본격적으로 투자하면 더 빨리, 많이 벌 수 있을 거야.'

준비 없이, 그리고 배움 없이 시작한 주식 투자는 그야말로 풍전등화 같았다. 언제 꺼질지 모르는 바람 앞에 서 있는 불안한 등불이었다. 결국 영업으로 몇 년간 그 고생하며 모은 몇억을 단 일 년 만에 날려 버렸다. 가진 돈을 모두 잃었을 때 그만뒀어야 했지만, 사람 마음이 어디 그런가? 본전이 아까워서 정신을 못 차리고, 게다가 대출까지 받아 다시 투자했지만 그마저 모조리 잃고 말았다.

어쩌면 당연한 결과였는지 모른다. 얼마나 빨리 망하느냐, 시기의 문제였지 결국에는 빈털터리가 되었을 것이다.

주식으로 쉽게 돈을 벌려고 했던 나의 욕심, 시간이 지날수록 점점 흐려진 판단력과 조급함이 무리한 투자로 이어졌다. 몇 년간 열심히 공부한 주식 전문가도 꾸준히 수익 내기가 쉽지 않은데, 하물며 완전히 초짜인 내가 주식으로 많은 돈을 번다는 것 자체가 어불성설이었다. 나는 투자자가 아니라 투기꾼이었다.

스스로 무너지는 것은 예정된 일이었다. 단지 언제 무너지느냐 그것이 문제였을 뿐.

아무런 준비 없이 시작한 주식 투자는 나를 다시 어두운 긴 터널로 빠져들게 만들었다. 그렇게 모든 것을 잃고 난 후, 나는 다시 카드 영업을 하게 되었다.

현실을 인정하는 것이 우선이다

가진 것을 모두 잃었음에도 나는 현실을 받아들이지 못하고 있었다. 그러나 시간은 내 편이 아니었다. 무슨 말이냐면, 주식하면서 대출을 받았는데 그 돈을 갚을 방도가 없었던 것이다.

일을 하고 있었던 것도 아니라서 이자가 밀리고 밀리다 보니 하루에도 수십 번씩 추심 독촉 전화를 받게 되었다. 대출받은 곳이 한두 군데가 아니었기 때문이다. 카드론, 현금서비스, 신용대출 등 내가 받을 수 있는 모든 대출을 써버린 상황이었다. 나중에는 추심단이 집까지 찾아오곤 했었다. 누군가 초인종을 누르면 집에 있으면서도 사람이 없는 것처럼 하던 일을 멈추고 조용히 침대 이불 속으로 들어가 그들이 가기만을 숨 졸이며 기다렸다.

한번 자금 흐름이 막히기 시작하면 걷잡을 수 없을 정도로 커져서 나중에는 수습이 안 될 정도로 커져 포기해 버리고 싶을 때가 온다. 그 지경이 되자 더는 버틸 수가 없었다.

'어쩌면 포기하는 편이 쉽고 깔끔한 선택이 아닐까.'

이 같은 생각이 머릿속에서 고개를 드는 천길 벼랑 끝에서, 비로소 나는 내 인생을 진중하게 돌아보게 되었다.

어린 시절의 나, 돈 한번 벌어 보겠다고 아무것도 없이 무작정 서울에 올라왔던 나, 수많은 사건 사고도 잘 이겨내고 영업으로 성공했던 나 자신을 말이다. 그리고 거울을 봤다.

이전의 자신감과 여유가 넘치던 웃는 얼굴은 온데간데없고, 덥수룩

한 수염과 거친 피부 그리고 처진 입꼬리만 눈에 띄었다. 근 1년 사이, 나는 완전히 다른 사람이 되어 있었다. 문득 이런 생각이 들었다.

'현재의 나는 과거의 결과이다. 그러나 미래의 원인이 되지는 않을 것이다.'

과거를 바꿀 수는 없다. 현재의 나, 초라하고 실패한 나는 인정할 수밖에 없는 지난날의 결과물이다. 그러나 미래는 다르다. 지금부터 다른 선택을 한다면, 내일의 나는 오늘과는 다를 것이다. 나는 내 인생을 바꿔보기로 결심했다.

진짜 변화가 시작되는 지점

독자 여러분도 이런 생각을 해본 적이 있을 것이다. '지금은 돈에 쫓겨 도망치듯 살고 있지만, 언제까지 이렇게 살 수도 없고, 이런 식으로 살고 싶지도 않다.' 아마도 이 같은 마음으로 이 책을 읽고 있을 테다. 그렇다면 인생의 방향을 바꾸기 위해 가장 먼저 해야 할 일이 무엇일까?

현실을 제대로 인식하는 것이다. 지금 상황이 문제라고 생각한다면, 그 문제가 무엇인지 정확히 아는 데서부터 시작해야 한다. 그래야 문제를 풀어나갈 수 있다. 지난 잘못들을 그대로 품은 채 '변화'만 결심한다고 해서 현재의 내가 리셋되지는 않는다. 그러한 리셋은 망상 속 리셋에 불과하며, 과거의 문제들은 계속 미래에 영향을 미칠 것이다.

죽고 싶었고, 모든 것을 포기하려고 시도도 했었다. 그러나 결국 이성의 끈을 잡고 자신을 다시 일으켜 세운 근본적인 힘은 바로 억울함이었다. 무엇이 그리 억울했느냐 묻는다면 이렇게 말하고 싶다. 지금까지 이렇게 살아온 내 인생이 억울했다고.

돈을 아끼고 모으기 위해 궁상맞게 살았던 하루하루, 그렇게 아껴도 지나고 나서 뒤돌아보면 특별히 달라져 있지 않은 나의 상황. 돈이 있어도 그 흔한 해외여행 한번 가지 않았고, 외식할 때마다 머릿속으로 미리 계산하거나 사고 싶은 것이 있어도 여러 가지 핑계로 미루며 애써 사지 말아야 할 이유를 찾았던 나······. 아직 내 인생의 봄날은 오지 않았다고 생각했다.

그렇기에 방황의 시간을 뒤로하고 반드시 다시 일어서야만 했다. 이 숨 막히는 어두운 터널 같은 상황을 타개할 방법은 하나밖에 없었다. 나 자신에게 묻기 시작했다. 해답은 다른 누구도 아닌 나 자신이 가장 잘 알고 있기 때문이다.

"어떻게 해야 지금 나의 상황에서 벗어날 수 있을까?"

현실을 직시하는 것은 두렵다. 버거운 상황에 처한 사람에게는 심적으로 굉장히 괴로운 일이기도 하다. 그러나 여기서부터가 다시 시작임을, 이 과정 없이는 아무것도 바뀌지 않으리란 걸 나는 알고 있었다.

다시 출발선에 서다

그제야 나는 현실을 직시했다. '나는 투자에 실패했고, 거의 파산 지경에 이르렀다.' 인정하고 싶지 않았지만, 인정하지 않을 수 없는 현실이었다. 나는 채무와 미래를 위한 자금이라는 두 가지 문제를 해결해야 했다.

문제 해결의 실마리는? 결국 돈이었다. 가장 먼저 해야 할 일은 다시 돈을 버는 것이며, 그것이 직면한 문제를 해소할 방법이었다. 돈을 벌기 위해 무엇을 할 것이며, 어떻게 해야 잃어버린 시간을 만회할 수 있을 것인지 고민했다. 답은 나 자신이 가장 잘 알고 있었다.

"그래! 내가 제일 잘하는 일부터 시작하자!"

그동안 잘해왔던 일을 하는 것과 경험이 없는 완전히 새로운 일을 하는 것, 이 두 가지의 출발선은 다를 수밖에 없다. 전자의 출발선이 한참 앞선다면 후자는 다시 일을 배우고 익히기까지 더 긴 시간과 많은 노력이 필요하다.

그렇게 나는 카드 영업 일로 돌아갔다. 처음에는 마음을 잡고 일하는 것이 쉽지 않았다. 물불 가릴 때가 아니지만 자존심이 상했다. 주변 동료들로부터 망해서 다시 카드 영업한다는 소리를 듣기도 싫었다. 잘돼서 돌아오면 모르지만, 실패해서 돌아왔으니 그 마음이 오죽했겠는가.

무엇보다 그동안 쓴 시간과 기회비용이 아까웠다. 돈은 어떻게든 다시 벌 수 있지만 지나간 시간은 되돌릴 수가 없다. 게다가 1년간 잃어버린 것을 회복하려면 그보다 더 오랜 기간이 걸릴 수도 있다.

"만약 그때 영업을 그만두지 않고 계속했더라면 어땠을까?"

후회해 봤자 소용없는 걸 알면서도 마음속에는 회한과 아쉬움이 가득했다. 그러나 누굴 원망하랴. 이 모든 것들을 나 스스로 선택하고 내가 저지른 실수인 것을……

"그래, 자존심이 돈 벌어다 주는 거 아니다."

이런 생각으로 다시 마음을 잡고 영업을 시작하게 되었다.

월세로 연봉받는 **부자가 되고 싶다면**

머릿속 착각이 만들어내는 달콤한 꿈에서 벗어나라,
차가운 현실과 제대로 마주하는 데서부터 진정 변화가 시작된다.

간절함, 나를 다시 일으켜 세우는 힘

간절하지 않으면 꿈꾸지 마라.

— 이나모리 가즈오

●●● "부자가 되고 싶다.", "경제적으로 자유로워져서 돈 걱정 없이 살고 싶다.", "남부럽잖게 성공하고 싶다."

솔직해지자, 누구나 한 번쯤은 이런 생각을 할 것이다. 나도 물론 그중에 한 명이었다. 우리 모두가 이러한 것들을 원하지만, 정말로 인생의 달콤한 열매를 손에 넣는 사람은 드물다. 왜일까?

막연하게 그저 '부자 되면 좋겠다', '돈 걱정 없이 살고 싶다'고만 생각하기 때문이다. 또한, 어느 시점까지 치열하게 살다가도 조금 형편이 피면 자만감이 생기기 때문이다. 어쩐지 내가 하면 잘 될 것 같은 생각이 스멀스멀 고개를 든다. 회사를 그만두고 전업 투자에 뛰어들었을 때 내가 그랬듯이 말이다.

큰 실패를 겪은 후 나는 달라졌다. 다시 카드 영업에 뛰어든 후부터 내 머릿속을 지배한 것은 오로지 하나의 생각, '나는 여기서 나가야겠다. 반드시 여기서 나갈 것이다'였다. 이 상황에서 벗어나고야 말 것이며 문제를 해결하고 다시 시작하겠다는 간절한 열망이 날이 갈수록 커졌다.

다시 정장에 구두 대신 운동화 끈을 조여 매고, 빌딩을 오르내리며 하루에 수십 번 거절당하고, 경비원들한테 쫓겨나는 등 문전박대당하면서도 영업을 그만두고 집에 갈 수는 없었다. 내게는 시간이 돈이었고, 실적이 유일한 구명줄이었기 때문이다.

전날 온종일 걸어 다닌 탓에 매일 아침 일어날 때마다 다리가 너무나 아팠지만, 그럼에도 불구하고 아침 일찍 일어나서 출근을 거르지 않은 이유는 단 하나였다.

"여기서 벗어나고 싶다. 그리고 부자가 되고 싶다."

정말로 간절했다. 아니, 절박했다는 말이 더 맞을지도 모른다. 밤늦게까지 일해도 피곤한 줄 몰랐다. 밤늦은 시간, 불 켜진 강남역 빌딩 숲 사이를 쉼 없이 걸으며, 토요일조차 '주중에 열심히 했으니 하루만 쉬고 싶다'라는 유혹을 뿌리치며 일했다.

열심히 살았는데 아무것도 바뀌지 않았다는 당신에게

누군가는 그것을 열정이라고 말할 수도 있다. 하지만 단언컨대, 그것은 단순한 열정이 아니었다. 열정이라는 단어는 왠지 긍정적이고 희망적인 느낌을 준다. 그 당시 나의 원동력은 '절박함에서 나오는 열정'이었다.

각자의 기준이 있겠지만, 사회생활을 하면서 열심히 살지 않는 사람은 드물다. 그런데 결과가 기대에 미치지 못하는 이유는 무엇일까? 실적과 성과에는 과정이 보이지 않는다. 숨은 노력과 인내, 그리고 그것을 위해 치른 대가는 남의 눈에 드러나지 않는 법이다. 땀과 눈물의 총량은 분명 사람마다 다르다. '열심히'라는 세 글자는 이러한 차이를 너무 간단히 뭉뚱그리는 표현이 아닐까. 세상 어떤 일을 하든, 원하는 것을 이루기 위해서는 열심히보다 중요한 무언가가 필요하다. 그리고 자신만의 그 무엇을 찾는 것이 중요하다.

🏢 월세로 연봉받는 부자가 되고 싶다면

당신을 '열심히' 그 이상으로 움직이게 하는 원동력은 무엇인가?

나만이 내 인생을 바꿀 수 있다

세상에서 가장 어려운 일은
세상을 바꾸는 것이 아니라 당신을 바꾸는 것이다. — 넬슨 만델라

●● 카드 영업을 다시 시작한 후, 나는 생각보다 빠르게 대출금과 밀린 카드값 등을 갚을 수 있었다. 미친 듯이 '지금 이게 아니면 난 끝이다'라는 생각으로 했더니, 6개월 만에 모든 채무가 깨끗이 정리되었다. 말이 반 년이지 그 시간 동안 나는 정말로 내가 아니었다. 매일 아침 전쟁에 나가는 군인처럼 내가 오늘 전장戰場에서 이겨야만 살 수 있다는 절박한 심정으로 하루하루 자신에게 약속한 실적을 채워 나갔다. 그래야 내가 가진 암적인 빚들을 정리할 수 있고, 원하는 그다음 기회를 잡을 수 있기 때문이었다.

마지막 남은 대출금과 카드빚을 송금하면서 느꼈던 감정은 뭐라 표현할 길이 없다.

나는 힘들어도 힘들다는 말을 절대 하지 않는다. 말할 사람도 없거니와 말해도 입장이 다르기 때문에 이해도 못 할뿐더러, 입 밖으로 낸다고 해결되는 것은 아무것도 없기 때문이다. 지금도 내 주변 사람들은 당시

내가 왜 그렇게 죽도록 일했는지 잘 모른다.

그렇게 6개월간 고생한 나에게 준 선물은 고작 맥주 한 캔이 전부였다. 정신 못 차렸던 1년 그리고 힘들었던 6개월간의 시간이 맥주 한 모금을 마실 때마다 씻겨 내려가는 듯했다.

"지금까지 잘 버텼어! 정말 수고했어. 그리고 이제부터는 행복해지자!"

이 경험을 통해서 나는 인생의 정말 중요한 교훈을 깨달았다. 실패를 겪지 않았더라면, 과연 지금같이 행복을 실감하며 살 수 있었을까? 더군다나 그때 포기했더라면 나는 어떻게 되었을까? 생각만 해도 아찔하고 두렵기까지 하다.

하던 일영업을 그만두고 어리석은 투자에 뛰어든 후 큰 실패를 경험하고 다시 일에 매진하며 심적으로나 육체적으로 힘들었던 것이 사실이다. 사실 가장 행복한 인생은 힘든 일 없이 살아가는 인생일 것이다. 하지만 운명이 어디 자기 뜻대로 되는가?

누구나 어려움을 마주할 수 있다. 그럴 때는 어떻게 해야 할까?

정답은 나도 모른다. 다만 내가 깨달은 것은 '포기하지만 않으면 반드시 희망이 있고, 다음 기회를 만날 수 있다는 것'이다. 그리고 좌절에서 희망으로, 삶을 바꿀 힘은 오로지 나 자신에게 있다는 것이다. 지금도 나는 그러한 믿음을 가지고 살아간다.

월세로 연봉받는 부자가 되고 싶다면

당신 자신의 내적 힘을 믿어라.

죽을 듯이 살고, 맹렬하게 공부하라

Change(변화)를 원하면
Chance(기회)가 온다

●● 누구나 지금보다 나은 내일을 원한다. 시간적으로나 경제적으로 더 자유롭고 행복한 삶을 말이다. 이 같은 꿈을 현실로 만들 기회가 누구에게나 한 번쯤 온다고 나는 믿는다. 다만 시기의 차이일 뿐.

무슨 일을 하든 나는 그 안에서 기회를 찾기 위해 부단히 고민하고 노력한다. 혹자는 내게 물었다. 인생을 왜 그리 피곤하게 사느냐고. 이유는 간단하다. 나는 남보다 가진 것 없는 상태에서 부자가 되겠다는 목표를 세웠다. 다른 사람들과 똑같이 생각하고 행동해서는 목표에 결코 다다를 수 없을 것이다.

"가진 것이 없으니 누구보다 더 많이 노력해야지!"

이런 자세로 일단 직면한 문제를 해결하고 나자 앞으로 무엇을, 어떻게 해야 할지 고민되기 시작했다.

영업만으로도 돈은 벌 수 있었지만, 매월 벌이가 일정하지 않았기 때문에 그 외에 안정적인 수입원을 확보해야겠다는 생각이 들었다. 그리고 이제 이 문제를 해결할 방법을 알아보기 시작했다.

답을 찾기 위해 고민하고 또 문제에 몰입하다 보면 어느 순간 불현듯 좋은 아이디어가 떠오르기도 한다. '그 방법을 왜 생각 못 했지' 싶을 때도 가끔 있다.

기회라는 것도 마찬가지다. 가만히 앉아 있는다고 알아서 찾아오지 않는다. 기회가 내게 오게 만들든지 아니면 내가 기회를 찾으러 다니든지 둘 중 하나를 선택해야 한다. 분명한 사실은, 아무런 준비가 되어 있지 않은 사람에게는 절대 나타나지 않는다는 것이다. 그러므로 기회를 만나기 위해 무슨 일이든 해야 한다. 사람들을 만나고, 책을 읽고, 인터넷에서 정보를 찾고, 관심이 가는 강습이나 세미나에도 참가하자. 그러다 보면 생각지도 못한 사이 기회가 손 닿는 곳까지 다가와 내 눈에 발견될지 모른다.

뜻밖에 발견한 부동산 투자라는 기회

당시 나는 불안전한 나의 삶이 변화되기를 원했다. 그리고 그 방법을 찾기 위해 갖은 노력을 다했다. 그러다 보니 어느 날부터인가 눈에 띄는 것이 하나 있었다. 전부터도 그 존재는 알고 있었지만 선택지로 생각지도 못했던 것, 바로 부동산 투자였다.

그 이전에 나는 주식 투자와 달리, 부동산 투자는 목돈이 있어야지만 가능한 것으로 생각했었다. 그래서 부자들만의 영역이라 여겼다.

'주식은 단돈 10만 원으로도 살 수 있지만, 집을 사려면 몇천도 부족하고 몇억이 있어야 하는 거 아닌가?'

그때는 집을 살 때 그 집을 담보로 대출을 받는다는 것조차 몰랐다. 부동산의 '부' 자도 모르던 시절이다.

그랬던 내가 부동산 투자에 관심을 가지게 된 데는 이유가 있었다. 첫째, 비교적 안전한 투자처로 생각됐기 때문이다. 둘째, 선입견과는 달리 내가 가진 적은 돈으로도 부동산에 투자할 방법이 있다는 걸 알게 됐기 때문이다. 당시 나는 주식으로 한 번 크게 휘청했으니 더 신중할 수밖에 없었다. 그런 측면에서 아는 것도, 잘할 자신도 없이 사업이나 장사에 새로 손을 댈 수는 없는 노릇이었다. 자금도 문제였다. 동네 구멍가게 할 돈조차 없던 때다. 가능한 적은 돈으로, 최대한 안전하게 투자할 대상을 찾아다니며 정보를 모은 끝에 '부동산'이라는 결론에 이르렀던 것이다.

물론 부동산 투자에도 리스크는 있다. 그러나 예금과 적금을 제외하면, 어떤 투자든 100% 안전한 것은 없다. 펀드가 마이너스 수익률을 기록하기도 하고, 사업이나 장사로 망할 수도 있다. 당장 비트코인의 향방만 보아도 그렇다. 하늘 높은 줄 모르고 치솟았으나 지금은 어떠한가?

내가 이전에 실패한 이유는 진정한 의미의 투자가 아닌 투기에 골몰했기 때문이었다. 별다른 노력 없이 단시간에 많은 돈을 벌겠다는 욕심으로 말이다. 다시 실패를 반복하지 않기 위해서 진짜 '투자'에 대해 고민해야 했다. 내 결론은 이랬다. 투자는 불확실한 미래의 수익을 위해 현재의 자금을 지출하는 일이다. 이것은 묻지마식 투기와는 완전히 질이 다르다.

부동산은 긴 안목으로 투자해야 하며, 투자금을 회수하는 데도 시간이 걸린다. 수익률 또한 비트코인이나 주식 투자에 비하면 크지 않아 보인다. 그러나 안전성과 자금 규모 면에서 내게는 적격으로 보였다.

누군가 간절히 원하면 기회가 찾아온다고 했던가? 부동산 투자를 알게 된 것이 내게는 정말 큰 기회이자 어쩌면 인생을 변화시킬 터닝 포인트일지 모르겠다는 생각이 들었다.

일하느라 공부할 시간이 없다고?!

주식 투자를 할 때 나는 간절하지도 않았고 그다지 열심히 공부하지도 않았다. '전업 투자자'라는 데 겉멋이 들어가 있었기 때문이었다.

'내가 투자하면 무조건 잘 돼. 나는 성공할 수밖에 없어.'

이 같은 어이없는 자만심이 나를 삶의 구렁텅이에 빠지게 만들었다. 비록 주식은 투기로 실패했지만, 부동산은 제대로 공부하여 확신이 들 때 투자에 뛰어들기로 결심했다.

그날부터 낮에 일하는 시간을 조금 줄이는 대신, 밤에는 부동산 공부를 하기 시작했다. 그렇다고 카드 영업을 등한시할 수는 없었다. 영업으로 돈을 벌어야지만 앞으로 부동산 투자를 할 수 있을 테니까. 낮과 밤, 일과 공부의 투 트랙으로 생활하다 보니 몹시 피곤했지만 어쩔 수 없었다. 그 또한 내가 견디고 버텨야 할 몫이었다. 잘하는 것은 버티는 것뿐이란 생각으로 매일 고단한 일과를 소화했다.

일단 부동산과 관련된 책이란 책은 전부 읽었다. 회원 수가 많은 유명한 재테크 카페에 가입해 몇 날 며칠 게시물들을 정독하기도 하고, 관심 가는 부분과 관련해서는 강의나 특강을 찾아 들었다. 매일 짬짬이 시간을 쪼개 부동산 관련 뉴스를 빠짐없이 본 것은 물론이다.

이렇게 시간이 지날수록 나는 점차 부동산의 매력에 빠지게 되었다. 장사나 주식과는 달리, 경기나 외부적인 환경에 크게 작용 받지 않는 것도 장점으로 보였다.

공부하면 할수록 부동산 공부가 점점 재미있어지고, 내가 원하는 변화된 삶, 즉 '부자가 될 수 있겠다'는 희망이 보이기 시작했다. 주식 공부할 때와는 완전히 달랐다. 낮에 아무리 고단했어도 밤에 하는 공부가 힘들지 않게 느껴지기 시작했다.

가장 마음에 와닿았던 것은 부동산으로 임대를 놓으면 매월 안정된 월세 수입이 가능하다는 점이었다. 영업직은 내가 하루라도 일을 하지 않으면 전혀 돈을 벌지 못하는 구조이다. 이러한 불안정한 소득 때문이라도 매월 고정적인 수입이 필요했다.

이렇게 고민 끝에 이번에는 부동산 투자자의 길로 들어서게 되었다. 그러나 이번에는 낮 동안 영업 일을 병행하며 투자하기로 결정했다. 몸이 조금 피곤한 것은 문제가 되지 않았다. 더 큰 문제는 내가 '여기서 벗어나느냐, 벗어나지 못하느냐'였다. 매일 돈과 씨름하는 이런 일상에서 벗어날 수만 있다면, 내가 그토록 원하는 경제적인 자유만 얻을 수 있다면 몸이 아무리 힘들어도 열 번이고 백 번이고 견딜 수 있었다.

게다가 부동산 투자를 하기 위해서는 종잣돈을 모아야 했고, 계속 투자할 돈을 불려야 했기에 당장 일을 그만둘 수는 없는 노릇이었다. 그렇게 나는 두 번째로 투자자의 길에 들어서게 되었다.

월세로 연봉받는 부자가 되고 싶다면

시작하는 단계에서는 누구나 투쟁에 가까운 삶을 산다.
모두가 이런 과정을 거쳐 성공했음을 기억하라.

PART 02

변화

평범한 사람을 부자로 만드는 자기경영

부자의 길로
들어서는 당신에게

나를 단련시키는 마음의 준비 운동

시작할 때부터 위대할 필요는 없다.
그러나 일단 시작하면 위대해진다. — 지그 지글러

●● 헬스, 요가, 수영 등을 막론하고 운동을 시작하기에 앞서 반드시 해야 하는 것이 바로 준비 운동이다. 어떤 신체활동을 하든, 우선 몸을 푸는 스트레칭부터 해야 한다. 그렇지 않고 갑작스럽게 운동을 하거나 무리하게 활동하면 큰 부상을 당할 수 있다. 내가 아무런 준비 없이 무작정 실전 투자에 뛰어든 것이 나중에 부메랑이 되어 '5억 원의 손실'이라는 결과로 돌아왔듯 말이다.

투자 전 많은 사람이 자신은 나름대로 준비를 했다고 여긴다. 어디선가 들은 정보, 몇 권의 책, 한두 번 본 유튜브 강좌, 그리고 짧은 경험을 가지고 '나는 성공할 것이다'란 자만감에 빠진다. 그러나 이것은 준비가 아니라 준비를 흉내 낸 것에 불과하다. 이전의 나도 마찬가지였다.

지난 실수를 되풀이하지 않기 위해 이번에는 투자 원칙과 기본 목표를 세우고, 방향 설정 등을 구체적으로 계획했다. 투자자가 된 이후 내가 반드시 실천하는 몇 가지가 있는데, 지금도 나는 이것을 계속해서 지키고 있다.

투자 마인드 관리

- 꿈을 키우는 새벽 시간
- 매일 아침 5분 일기 쓰기
- 3분 명상 & 말하기
- 매일 아침 자기계발 & 성공학 관련 30분 책 읽기
- 자기 전에 5분 일기 쓰기 & 3분 명상

나만의 활동 & 투자 원칙

- 3년 개고생하고 30년 편하게 살자!
- 돈이 된다면 전국이 나의 투자 대상이다.
- 100번 패찰하자. 패찰했다고 절대로 신경 쓰지 말자.
- 수익률은 단지 수익률일 뿐이다. 수익률의 함정에 빠지지 말자.
- 고민하고 또 고민해라! 그러면 답이 보인다.

우선 이 같은 기본원칙을 정해 놓고 투자를 시작했다. 이후 투자의 결과는 이상의 내용을 내가 얼마나 잘 지켰느냐에 따라서 많이 달라졌던 것 같다.

사업을 하거나 장사로 성공하려는 경우에도 마찬가지이다. 무엇인가를 시작하기에 앞서 얼마나 철저하게 준비하느냐가 중요하다. 단지 지식

뿐 아니라 내 몸과 마음 모두가 항상 준비 상태여야 한다. 어떤 일을 하든 이렇게 한다면 결과가 조금이라도 더 좋은 방향으로 흐르게 될 것이다.

하루의 시작 : 아침 일기와 3분 명상

"시작이 반"이라는 이야기를 많이 한다. 시작이 반이면 나머지 반은 무엇일까? 그것은 아마도 '끝'일 것이다. 사람들과의 만남에서도 첫 만남만큼이나 헤어짐이 중요한 법이다. 그걸 잘하는 사람들이 인간관계에서도 좋은 컨디션을 유지한다.

하루의 시작도 마찬가지다. 아침을 어떻게 시작하느냐에 따라 그날 하루가 완전히 달라진다. 달콤한 아침잠의 유혹 때문에 간신히 일어나 허둥지둥 준비하고 아침도 먹는 둥 마는 둥 하면서 급하게 출근하는 사람과, 30분 먼저 일어나서 여유 있게 준비하고 출근하는 사람 사이에는 분명한 차이가 있다. 비록 그날 하루는 아무것도 아닐 수 있지만, 이것이 습관이 되어 쌓이다 보면 눈에 보이는 결과로 돌아온다.

부동산 투자 공부를 시작한 지 1년, 영업과 투자를 병행하다 보니 체력 관리와 시간 관리를 잘 해야만 했다. 지금 생각해 보면 내가 어떻게 견뎠는지 정말로 신기하다.

나 자신과의 첫 싸움은 아침 기상 시간이었다. 여기서부터 무너지면 그다음은 불 보듯 뻔하다. 그다음 해야 할 일들을 점점 미루게 되고, 결국에는 건너뛰고 만다. 그러면서 자신과 타협하거나 여러 가지 이유를 생각해내며 변명하게 된다.

이 때문에 자신을 다잡다 보니, 어느 날부터인가 신기하게도 그렇게 아침잠 많던 내가 핸드폰 알람이 울리자마자 바로 일어나게 되었다. 욕실로 직행해 뜨거운 물로 샤워부터 하고 나오면 전날의 피로가 사라지고, 자연스럽게 책상 앞에 앉는다.

그리고 자리에 앉아 5분 동안 일기를 쓴다. 사실 일기라기보다는 오늘 하루를 시작하기에 앞서 오늘의 나에게 하고 싶은 말과 해야 할 일 등을 적는다.

다음에는 눈을 감고 3분 정도 명상을 한다. 명상할 때는 오늘 하루의 멋진 나와, 미래의 나를 동시에 생각한다. 오늘 하루 열심히 보내고 좋은 일이 있을 나를 상상하고, 또 미래에 부자가 된 나를 상상한다. 좋은 집과 좋은 차 그리고 행복한 가정 등 원하는 미래를 머릿속에 그리다 보면 기분이 좋아지고, 내가 벌써 부자인 듯한 착각마저 든다. 그리고 꿈을 반드시 이루고 싶다는 욕망이 더 커진다.

마지막으로는 책상 앞에 붙어 있는 나의 버킷리스트를 큰소리로 한 번 읽는다. 오늘의 하루 명언을 따라 읽고 적으면서 그렇게 하루를 시작한다. 이 모든 것이 끝나기까지 10분이면 충분하다. 이렇게 매일 아침을 시작하니 나도 모르게 점점 자존감이 높아지고 자신감도 생겨 하루를 정말 기분 좋게 시작하게 되었다.

하루의 끝 : 작은 성취라도 칭찬하기

하루의 마무리도 중요하다. 시작이 좋은데 마무리가 별로면 그것만큼 아쉬운 게 없기 때문이다. 나는 자기 전에 아무리 피곤해도 하는 일이 있다. 오늘 하루 있었던 중요한 일이나 기억나는 일을 기록하고 아쉬웠던 점도 적어 놓는다. 그러고는 조용히 눈을 감고 오늘 있었던 일을 생각하고 내일 해야 할 일, 미래의 내 모습을 다시 상상하며 하루를 정리한다. 나는 이 시간이 가장 중요하고 소중하다. 나 자신을 칭찬하는 시간이며, 성취감을 느끼는 시간이기 때문이다.

성취감이 별 게 아니다. 그리고 큰 성취만 있는 것도 아니다. 작은 별들이 모여 거대한 성단星團이 되듯, 자신에 대한 작은 칭찬과 오늘 하루도 잘 보냈다는 소박한 성취감이 모여 더 큰 나를 만든다고 믿는다.

어찌 보면 아무것도 아닐 수 있지만, 이러한 작은 변화가 점점 더 쌓여 크게 성장하게 되며 목표에 가까워지는 게 아닐까 싶다. 하루아침에 성공하거나 부자가 된 사람은 없다. 작은 일에도 최선의 노력을 기울이며, 그렇게 일궈낸 자잘한 성공과 실패가 모여 큰 성공을 이룬다. 성공한 사람들을 보면 기본적으로 본인만의 하루 루틴을 가지고 있다.

🏢 월세로 연봉받는 부자가 되고 싶다면

아침과 저녁, 자신만의 루틴을 만들어라.
반복으로 습관을 만들고, 이를 통해 실행 능력을 축적하라.

부딪혀라, 벽이 문으로 바뀔 때까지

●● 내 책상 앞에는 하얀 A4지 한 장이 붙여져 있다. 그 종이에는 이렇게 쓰어 있다.

지금부터 100번 떨어지면 부자가 되어 있을 것이다.

입찰에 떨어질수록 부자에 더 빨리, 더 가깝게 다가간다.

총 입찰 횟수	낙찰받은 횟수	패찰한 횟수
正正正正正	正正正正	正正正正
正正正正正	正正	正正正正
正正正正正		正正正正
正正正正正		正正正正
正正正正正		正正正正
正正正正正		正正正正
正正正正正		正正正正
正正正正正		正正正
正正正正正		
正正正		

부동산 경매에 입찰하는 모든 사람이 낙찰을 기대한다. 하긴 떨어질 것을 기대하고 입찰하는 사람은 아무도 없을 것이다. 나도 마찬가지지만, 생각을 조금 다르게 먹기로 했다.

나는 처음부터 100번 떨어질 것을 각오하고 입찰을 시작했다. 만약 100번 떨어지면 적어도 10번은 낙찰받을 수 있다고 생각했다. 실제로 패찰이 많아질수록 낙찰받는 물건도 하나씩 늘어났다. 그러자 오히려 많이 떨어질수록 좋다는 데까지 생각이 이르렀다.

물론 패찰하면 기분이 좋지 않다. 입찰하기 위해서 들인 노력과 비용이 아까운 것도 사실이다. 하지만 경매에서 원샷 원킬은 절대 없다. 그러므로 생각을 뒤집은 것이다.

10번 입찰하러 가면 최소한 한 번은 반드시 낙찰받을 수 있다. 이렇게 말하면 "그게 사실이냐?"고 묻는 사람들이 있다. 장담컨대 사실이다. 다만 대부분이 10번까지 입찰하러 법원에 다니지 않는 것이 문제다.

다른 사람들처럼 나도 낙찰을 기대하며 입찰하지만, 떨어질 것 또한 예상하고 그다음, 또 그다음 물건을 조사한다. 낙찰받지 못하고 떨어지더라도 실망하거나 포기하지 않고 늘 그래왔던 것처럼 덤덤히 그다음 물건의 입찰을 준비한다. 그렇게 미리 다음 입찰 물건까지 준비하니 떨어지더라도 아쉬움을 뒤로하고 법원에서 점심을 먹고 다음 일을 하러 갈 수 있게 되었다. 어떻게 이렇게 하느냐고? 몇 번 떨어졌다고 그만둘 일이 아니기 때문이다.

나는 경매를 하는 모든 투자자가 이러한 마음가짐을 가지길 바라며, 또 이것이 성공의 방법이라고 생각한다.

패찰 또한 부자가 되기 위한 하나의 과정에 불과하다. 책상 앞에 붙여져 있는 A4지에 입찰 횟수가 늘어나고 패찰 횟수가 늘어나면, 낙찰 횟수도 그에 따라서 늘어나는 게 당연하다. 물론 입찰하는 족족 낙찰받으면 좋았겠지만, 그게 마음대로 된다면 모든 경매 투자가가 부자가 되었을 것이다.

실패에 대한 마인드를 바꿔라

입찰했다면 떨어지는 게 당연한 일이며, 낙찰받는 것이 오히려 이상한 일이다. 나는 낙찰도 어쩌면 천운, 즉 하늘의 뜻에 달렸다고 생각한다. 내가 실력 있다고 해서 낙찰받는 것도 아니고 그렇다고 운만 있다고 해서 낙찰받을 수도 없기 때문이다. 다른 모든 일이 그렇듯, 부동산 경매도 실력과 운이 함께해야지만 성공낙찰할 수 있다.

아무리 실력이 좋더라도 시세분석을 잘하지 못하는 초보자 혹은 입찰할 부동산을 정말로 갖고 싶어 하는 사람이 입찰자로 들어오면 낙찰받기가 쉽지 않다.

낙찰이 드물기는 해도 그저 어려운 일만은 아니다. 때로는 기대 밖의 낙찰이 이뤄지기도 한다. 내가 말하고 싶은 것은, 쉽게 얻거나 이루려 하지 말라는 것이다. 몇 번 패찰했다고 "더 이상 경매는 먹을 게 없다. 경쟁이 치열하다"고 말하는 사람이 많다. 그런 사람에게는 과연 얼마나 도전해 봤는지 묻고 싶다. 초심자가 한강에 낚싯대를 드리우고 물고기 기다리는 식으로 쉽게 얻기를 원하는데 어떤 결과를 얻길 바란단 말인가? 그런 식으로는 아무것도 얻을 수도, 이룰 수도 없다.

경매뿐만이 아니다. 부동산 투자로 경제적 자유를 얻길 바라는 모두가 마찬가지다. 투자로 돈을 벌기 위해서는 기회비용과 시간 등 대가를 치러야 한다. 부자가 되는 길에 공짜는 존재하지 않는다. 하지만 대부분 사람은 처음 시작하는 단계부터 쉽게 성공하고 싶어 하고, 부자가 되길 원한다. 누군가 찍어주는 걸 사 놓으면 마법처럼 올라서 큰 부를 안겨주리라는 착각에 빠진다.

쉬운 부동산 투자, 쉬운 공부 방법으로 남이 이뤄낸 것과 똑같은 결과를 얻으려고 하는 사람은 결코 부자가 될 수 없다. 만약 계속해서 편안한 방법만을 찾으며, 스스로 노력하지 않고 부자를 꿈꾼다면 그 꿈은 점점 더 나에게서 도망가고 멀어질 것이다. 그리고 나중에는 지금보다 더 많은 시간과 노력을 필요로 하게 될지 모른다.

"가치가 있는 것은 쉽게 얻어지지 않는다. 그만큼의 대가를 치러야만 한다."

이 말을 반드시 기억하길 바란다.

📑 월세로 연봉받는 부자가 되고 싶다면

쉽게 돈 버는 투자법은 존재하지 않는다. 이 사실을 기억하라!

이것도 못 버티면서 부자가 되고 싶다고?

겨울이 없으면
봄도 오지 않는다

●● "너무 힘들다, 여기서 그만두고 싶다. 왜 이렇게 부자가 되는 게 힘든지 모르겠다. 내가 앞으로도 잘 견딜 수 있을까? 내가 과연 부자가 될 수 있을까? 자신이 점점 없어진다. 그냥 현재에 만족하면서 평범하게 살까? 그러나, 그렇게 살고 싶지는 않다. 남들처럼 평범하게 살기도 쉽지 않은 일이지만, 나는 부자가 되고 싶다."

내가 투자하면서 적었던 일기 중 한 대목이다.

하루하루 허투루 쓰는 시간 없이 열심히 산다 해도, 당장 눈에 띄게 달라지는 것은 없다. 한 마디로 표가 나지 않는다. 그렇다 보니 과연 잘하고 있는 것인지, 맞는 길로 가고 있는 것인지 확신이 서지 않을 때가 있다.

나도 그랬다. 임장부동산 투자에서 현장을 확인하는 걸 이르는 말을 가거나 부동산 투자와 관련한 일을 하는 날이면, 그 지역에서 카드 영업을 해서 한 장이라도 신청서를 받고 퇴근했다. 지역이 서울이든 대전이든 대구든 관계없이 말이다.

사실 말이 쉽지, 빨리 일을 마치고 집에 돌아가고 싶은 것은 매한가지 마음이다. 게다가 돌아다니면서 하는 카드 영업이라 더 피곤했지만, 어쩔 수가 없었다. 영업직이라 실적 없이는 월급도 없었기 때문이다. 그리고 투자할 돈을 가능한 한 빨리, 더 많이 모아야 했기 때문이다. 앞서도 말했지만, 다시 부동산 투자를 막 시작할 당시 나는 이제 막 빚을 갚은 상태로 큰 밑천이랄 것이 없었다.

나는 겨울을 좋아한다. 유독 겨울에 힘들고 아팠던 기억이 많기 때문이다. 투자와 영업을 병행하던 시기의 겨울도 마찬가지였다. 지금이야 좋은 추억으로 마음속에 간직하고 있지만 돌이켜보면 정말로 힘든 시절이었다.

한 번은 경매 물건을 살펴보던 중, 대전에 좋은 물건이 나와서 임장을 갔다. 한겨울이었는데 유난히 겨울바람이 차갑게 불고 있었다. 그날도 부동산 중개업소에 들러 시세 파악을 하고 근처 몇 군데 더 임장을 끝냈다. 이미 시계는 오후 4시를 가리키고 있었지만, 한 장이라도 카드신청서를 받자는 생각에 영업을 시작했다. 추운 겨울, 코트 하나만 입고 거리를 돌아다니면서 영업을 하는데 며칠 전에 눈까지 와 바닥은 미끄럽고, 옷 속을 파고드는 한기가 엄청났다. 날씨가 추워서인지 사람들의 기분 또한 차가웠던 모양이다. 거듭 거절당하다 보니 6시 퇴근 시간이 다 되었다. 조급한 마음에 걸음을 재촉하다가 그만 눈길에 넘어져 뒤로 자빠지고 말았다. 정말로 "쿵"하고 소리가 날 정도로 넘어졌는데 아픈지도 몰랐다.

"아, 창피해……."

그러면서 옷을 털고 일어났는데 걷다 보니 엉덩이가 아프기 시작했다. 넘어질 때 잘못 넘어진 거 같았지만 별일 있겠느냐는 생각에 한 시간을 더 걸어 다녔다. 어떻게든 신청서 한 장을 받는 게 우선이었다. 왕복차비라도 벌어야 했다. 아픈 것은 그다음 문제였다. 다행히도 7시가 다 된 시각, 어느 병원에서 카드신청서를 한 장 받는 데 성공하였다. 날씨는 춥고 저녁을 못 먹어서 배는 고프고……. 대전에서 서울까지 언제 가나 하는 생각뿐이었다.

'우선 밥이라도 먹고 가자.'

순댓국을 한 그릇 시켜 놓고 아까 신청서를 받은 병원 간호사의 내역을 조회했다. 그분의 퇴근 시간이 가까워져서 일단 신청서만 받아 놓고 조회는 미뤄뒀던 것이다. 그런데 해지한 지 몇 달 안 된 회원이라고 나오는 것이 아닌가. 해지 1년 미만이면 신규회원으로 인정받지 못한다. 그 사실을 확인한 순간 연속 10번 입찰에 떨어진 것만큼이나 힘든 기분이 들었다.

순댓국을 먹으며 하루를 돌이켜 보니 눈물이 핑 돌며 나도 모르게 서러움이 북받쳐 올랐다. 한파에 새벽부터 대전으로 와서 온종일 임장한다고 돌아다니고, 차비라도 벌겠다는 마음에 일하러 돌아다니다 넘어지고, 한 장 받은 신청서도 무의미한 것이었다니. 갑자기 눈물이 핑 돌며, 과거의 나 자신이 원망스럽게 느껴졌다.

경제적 자유를 절실하게 꿈꾸는 이유는 행복해지기 위해서이다. 당신도 혹시 이런 생각을 해본 적이 있지 않은가?

'거리를 지나다니는 사람들은 모두 행복하고 마냥 즐거워 보이는데, 나도 저렇게 될 수 있을까? 언제쯤 나는 이런 상황에서 벗어나 웃을 수 있을까? 온갖 걱정과 마음졸임에서 해방되어 마음 편히 살 수 있을까?'

그날 순댓국집에서 창밖을 바라보던 내 심정이 딱 그랬다. 언제까지 이렇게 살아야 하는 것인지 막막하고 외로운 기분도 들었다.

어디 이날 하루뿐이었겠는가. 이후로도 '정말 버티기 힘들다'는 마음이 엄습해올 때가 있었다. 그러나 표가 나지 않더라도 한 걸음 한 걸음, 한 계단 한 계단 버티며 밟아나가는 수밖에 없다. 갑자기 나를 저 위로 쭉 끌어올려 줄 동아줄 같은 것은 없다. 구원의 존재 같은 것은 없는 것이다.

심적으로나 신체적으로나 눈물이 돌 정도로 힘든 하루였지만, 그 이후로도 나의 하루하루는 그런 날들의 연속이었다. 낮에는 영업, 밤에는 투자. 두 가지 일을 병행하며, 앞서 밝힌 나와의 약속 또한 어기지 않았다.

결국 부딪혀 나아가는 사람이 이긴다

아무것도 가진 것이 없어 세상 살기가 막막하다고? 그렇다면 결국 답은 '나 자신' 하나다. 물려받은 재력도, 배경도 없다면 결국 온몸으로 부딪히며 자기 자신의 힘으로 나아가야 한다. 다른 사람들보다 더 힘들고 고통스러울지 모른다. 그 현실 또한 인정하고, 그럼에도 불구하고 내가 선택한 길이며 나의 꿈을 향해 가는 길이라는 걸 상기하면서 죽을 만큼 힘들어도 가야 한다. 그렇게라도 한 걸음씩 전진한 사람과, 어렵다는 이유로 그 자리에 주저앉은 사람과는 분명히 차이가 나게 된다. 처음에는 작은 차이지만, 두 배가 네 배 되고 네 배가 여덟 배 되고 여덟 배가 열여섯 배 되는 과정을 거치며 격차가 엄청나게 벌어진다.

그렇게 계속하다 보면 출발선에서의 고통과 어려움은 추억이 될 것이다. 지금 내가 그해 겨울 대전에서의 하루를 추억하듯이 말이다.

하루하루가 너무 고단하다 보니 나도 모르게 게을러지고, 내가 했던 결심은 언제 그랬냐는 듯 잊고 살면서 머릿속으로만 '부자가 된 내 모습'을 꿈꾸는가? 그런 사람에게는 말하고 싶다.

"힘들어? 이것도 못 버텨? 그러면서 부자가 되고 싶다고?"

'노 페인 노 리턴', 고통 없이는 아무것도 돌아오지 않는다. 사업도 장사도, 그리고 투자도 마찬가지다.

🏢 월세로 연봉받는 부자가 되고 싶다면

이게 내 한계라 생각될 때, 끝까지 자신을 밀어붙여라.
한계의 끝에서 가능성과 마주하게 될 때까지.

대가를 치를 준비가 되어 있는가?

값을 치러야 얻을 수 있다.
꿈과 목표도 마찬가지이다.

●● 요즘에는 부동산 강의가 정말로 많다. 조금만 알아보면 어디서든 배울 수 있다. 집에서 동영상을 통해 공부하는 사람도 많다. 말마따나 마음먹기만 하면 된다.

경제적 자유를 꿈꾸며 나중에 부자가 된 자신의 모습만 상상하지, 부자가 되기 위해 지불할 것들에 대해서는 생각하지 못하는 경우가 많다. 배움을 실천하기 전에 앞서, 부자가 되기 위한 대가를 충분히 치를 준비가 되어 있는가? 여기서 말하는 대가는 '돈'일 수도 있고 '시간'일 수도 있다.

나는 배우기를 좋아한다. 그러나 처음부터 배움을 즐긴 것은 아니다. 어린 시절에는 공부에 별로 관심이 없었고, 대학교도 못 갔다.

공부에 대한 생각이 확 바뀐 것은 부자가 되겠다고 결심한 순간부터 였다. 처음 부동산 투자를 할 때는 등기부등본조차 볼 줄 몰랐다. 근저당, 가압류, 말소기준권리 등 책을 읽어도 무슨 말인지 도무지 이해되지 않는 알쏭달쏭한 용어들이 외계어처럼 느껴지기까지 했다. 다른 부동산 용어도 생소하긴 마찬가지, 배울 것이 한두 가지가 아니었다. 조금 공부한 후에도 막상 실제로 투자하려 하니 확실하게 이해한 것이 맞는지 헷갈리고, 배운 이론을 맞게 적용했는지, 위험요소를 놓친 것은 없는지 불안했다.

내가 투자를 시작했던 10년 전에는 인터넷 강의가 지금처럼 활성화되어 있지 않았다. 그래서 다음카페나 네이버카페에서 진행하는 부동산 강의를 찾아다니며 좋다는 수업이란 수업은 다 들었다. 스터디모임도 누구보다 열심히 했다. 돌이켜 보면 전업으로 투자했던 시절보다 낮에 영업 일을 했던 시절에 더 죽어라 공부했던 것 같다. 시간은 없는 게 아니라 만드는 것이라는 말이 딱 맞다.

돈과 시간을 들여 공부하라

내가 부동산 공부를 시작한 이후, 절대 아깝게 여기지 않는 두 가지가 있다. 바로 배우는 데 들이는 '돈'과 '시간'이다.

계산해 보니 지금껏 부동산 공부로 지출한 강의료만 해도 얼추 천만 원은 되는 듯하다. 혹자는 비싼 수업을 뭐 그리 많이 들었냐고 할 수도 있지만, 나는 전혀 그렇게 생각하지 않는다. 왜냐하면, 그 돈의 몇십 배는 더 벌었기 때문이다.

만약 누군가가 "천만 원의 수업료를 내시오, 그럼 당신을 수십억 부자로 만들어 주겠소"라고 제안하면 어떻게 할 것인가? 그게 사실이라면 지금 당장이라도, 어떻게든 천만 원을 줄 것이다.

나는 항상 이런 마음을 가지고 수업을 들었다.

'강의를 듣기 위해서 지출한 수업료가 나중에 100배가 되어서 나에게 반드시 돌아올 것이다.'

수강료가 40만 원이고, 함께 수업을 듣는 수강생이 30명이라면 1200만 원짜리 강의를 듣고 있는 거라고 생각했다.

'나는 지금 40만 원짜리 수업을 듣고 있는 게 아니라 1200만 원짜리 명품 수업을 듣고 있는 것이다. 그러니까 하나라도 놓치지 말고 듣자.'

나는 무료 강의를 별로 좋아하지 않는다. 단돈 만 원이라도 내 돈을 지불하고 들으면 그 돈이 아까워서라도 집중하며 듣게 된다. 그런데 수십만 원이라는 돈을 낸 수업이라면? 하나라도 더 배우려 집중하게 되고, 가능한 그 시간을 헛되이 보내지 않으려 노력할 것이다.

그렇다고 무작정 많이 듣는 게 좋은 것은 아니다. 오히려 강의만 듣다가 투자를 그만두는 경우도 많다. 그래서 여기에는 전제조건이 있다.

"내가 중간에 투자를 포기만 하지 않는다면!"

내가 들었던 강의 중에는 수강료가 200만 원인 것도 있었다. 그러나 지금 당장 내게 필요하고 배울 가치가 있다는 판단이 들면 기꺼이 수업료를 지불했다. 물론 고민이 전혀 없었던 것은 아니다. 하지만 그 고민은 돈에 대한 것이 아니라 나에게 필요한 수업인가, 그렇지 않은 수업인가에 대한 것이었다. 필요하다고 생각해서 기꺼이 돈을 내고 들은 수업들은 훗날 내게 최소 열 배 이상의 성과로 돌아왔다.

나는 지금도 유명한 강사나 좋다는 강의가 있으면 수업료를 지불하고 들으러 간다. 꾸준히 강의를 찾아 듣는 데는 이유가 있다. 세상에는 나보다 뛰어난 사람들이 엄청나게 많기 때문이다.

이름만 들으면 알 법한 유명 헤어숍의 원장님이 내 강의를 수강한 적이 있었다. 그분은 반드시 본인의 숍이 아닌 다른 헤어숍에서 머리를 한다. 이유를 묻자 그분은 이렇게 대답했다.

"설렁탕 장사를 하는 사장님들이 전국에 유명하고 맛있다고 하는 설렁탕집에 찾아가 먹어 보고 맛이나 서비스를 비교해서 개선점을 찾는 것과 비슷해요."

나는 이 말에 100% 동감한다. 부동산 강사들 가운데서도 다른 강사의 강의를 찾아다니는 분들이 있다. 더 배울 것이 없어 보이는 전문 강사들도 혹시 자신이 모르는 것, 놓치는 부분이 있을까 고민하며 돈과 시간을 기꺼이 소비한다.

작은 배움이 쌓여 넘지 못할 격차를 만든다

나는 마흔이 되어서야 영어를 배우기 시작했다. 배운지 이제 3개월이 되었다. 영어회화를 배우는데, 한 달에 8번 한 회당 3시간씩 일대일로 만나서 수업을 한다. 수업료는 70만 원이다. 적지 않은 돈이지만, 이것 또한 내가 포기하지 않고 1년, 2년 계속해서 배운다면 또 다른 능력 하나를 갖게 될 수 있다. 그리고 그 능력이 언제, 어떻게 나에게 좋은 기회로 돌아올지 아무도 모른다. 열심히 배워서 향후 몇십 년간은 세계여행을 다니며 현지인들과 대화하는 나를 상상해 본다.

이렇듯 내가 원하는 것을 가지고 싶고 자신을 업그레이드하고 싶다면, 또는 지금 시점에서 필요한 정보를 얻을 수 있다면 돈과 시간이라는 대가를 치르며 배울 준비가 되어 있어야 한다. 대가를 치른 만큼, 아니, 그 이상의 결과가 내게 돌아오도록 만들면 되는 것이다.

매일의 작은 노력과 마찬가지로, 공부와 배움 또한 바로 눈에 띄는 결과로 나타나지는 않는다. 다만, 이로 인해 나 자신의 가치가 올라갈 것을 알기에 돈과 시간을 지불하는 것이다.

아파트 투자도 마찬가지다. 가장 많이들 하는 것 중 하나가 바로 아파트 투자다. 아파트는 빌라나 오피스텔에 비해 몇천만 원, 몇억 원 이상 비싸다. 그런데도 아파트를 사려는 이유는 무엇일까? 그것은 강의를 듣기 위해 수업료를 내는 것과 비슷하다. 지금 당장은 몰라도 훗날 지금 지불한 이상의 가치를 가지게 되리란 확신이 있기 때문이다.

월세로 연봉받는 부자가 되고 싶다면

돈과 시간을 아낌없이 공부에 투자하라!
그리고 훗날 10배, 100배의 가치로 돌아오게끔 하라.

시간에 투자하는 법을 배워라

어떤 종류든, 성공에 있어
인내보다 필수적인 자질은 없다. — 존 록펠러

●● 부자가 되기 위해서는 돈을 투자하기에 앞서 '부자가 되기 위한 시간에 투자하는 것'이 더 중요하다. 많은 사람이 이 사실을 간과한다. 무슨 일이든 성숙되는 시간이 필요하다. 어제 요리학원에 등록하고 오늘 음식점을 창업한다면 우스운 일이 아닐까? 장사나 사업에는 준비가 필요하다고 생각하면서 부동산 공부나 투자에 대해선 '일단 시작하기만 하면 금세 부자가 될 것'이라고 생각하는 사람이 너무 많다.

솔직히 나도 그랬다. 앞으로 겪어야 할 힘든 과정은 생각하지 않고, 내 인생을 구원해줄 한 줄기 빛을 본 마냥 기쁘고 설레었다. 왜 이제야 이것을 알았을까 거듭 후회할 정도였으니 말이다.

나는 성격이 매우 급하다. 내 마음대로 일이 잘 진행되지 않거나 진행이 늦어지면 심하게 스트레스받으며 계속해서 자신을 다그치곤 한다. 카드 영업을 하며 과정보다 결과에만 집착하는 버릇이 생겼는지 모르겠다. 그래서 결과도 빨리 보려고 한다. 이러한 성격 탓에 돈을 많이 벌기도 했지만, 손해도 많이 봤다. 주식 투자를 하던 시절, 빨리 돈을 벌고 싶은 마음에 사고팔기를 반복하고, 주식이 떨어지면 그새를 못 참고 손절한 후 다른 주식을 샀다. 이러한 행동을 반복하다 결국 전 재산을 날리는 데 이르렀다.

처음 부동산 공부를 시작했을 때도 마찬가지였다. 공부만 시작하면 금세 낙찰받고 빨리 돈을 벌 수 있을 것만 같았다. 돈이 없으니 마음이 급해지고, 지나간 시간이 아까워서 시간을 단축시키고만 싶었다. 급할수록 돌아가란 말이 있는데, 어리석게도 나는 정반대였다. 그것을 나중에 깨달았다.

기다림 또한 중요한 투자 기법이다

한 번은 입찰에서 연속해 떨어진 적이 있었다. 계속해서 패찰하니 실망스럽고, 열정이 조금씩 사라지고 있었다. 이러면 안 될 것 같아서 '다음 건은 무조건 낙찰받자'라는 생각으로 평소 입찰금액보다 큰 금액을 썼다. '낙찰받으면 어떻게든 남겠지'라고 막연히 생각했던 것이다. 결국 그 물건은 속만 썩이다가 손해를 안겨 주었다. 조급한 마음에 악수惡手를 뒀던 것이다. 당시 나는 부동산 투자를 할 때 가장 중요한 점을 모르고 있었다.

가을에 벼를 수확하기 위해 봄부터 씨를 뿌리고 기다리는 듯, 부자가되기 위해서는 꿈을 현실로 만들어가는 그 시간을 견디고 기다릴 수 있어야 한다. 빨리 부자가 되고 싶은 생각에 마음만 급하여 섣불리 결정하고 판단 내리다가는, 지불하지 않아도 되는 '나쁜 수업료'를 대가로 치를 수 있다.

부동산 강의를 하다 보면 빨리빨리 배워서 얼른 투자하기만을 원하는 수강생들이 있다. 빨리 배워서 투자하는 것은 좋다. 문제는 실력을 쌓지 않은 상태에서 무작정 실전 투자만을 원하는 경우다. 물론 투자는 본인의 선택이다. 준비가 덜 된 상태에서도 투자할 수 있다. 그러나 남들처럼 풀리지 않는 이유, 낙찰에 거듭 실패하고, 낙찰받더라도 기대와 달리 손해로 끝나는 이유를 모르게 된다. 초등학생이 중고등학교를 건너뛰고 대학에 입학하겠다며 수능 공부를 하다가 "돈과 시간을 들여 공부하는데 왜 성적이 안 나오는 거야?"라며 불평하는 식이다.

부자가 되기 위해서는 '시간'이라는 것에도 투자할 줄 알아야 한다. 현명한 투자자로서 나 자신을 성숙시키는 시간, 안목을 키우는 시간, 공부하고 배우는 시간, 수많은 물건을 조사 분석하고 현장에 뛰어 눈으로 확인하고 판단하는 시간 등등. 쌀을 압력밥솥에 넣고 기다리고 뜸을 들이면 맛있는 밥이 되듯, 조급함을 누르고 조금 기다리다 보면 섣부르게 투자할 때보다 훨씬 좋은 결과를 얻을 수 있을 것이다.

🏢 월세로 연봉받는 부자가 되고 싶다면

조급한 마음을 다스리는 연습을 하라.

나만의 멘토를 만드는 방법

타인이 경험으로 체득한 지혜는
돈 주고도 살 수 없는 보물이다.

●● 처음 부동산 투자를 시작하고 경매 강의를 들을 때다. 강의를 듣다 보면 정말 좋은 강의도 있지만, 종종 기대에 미치지 못하는 강의도 있다. 수업료와 시간이 아까워서 하나라도 배우자는 생각으로 수업을 듣는다. 어떤 강의든, 퀄리티를 떠나서 최소 한 가지 정도는 배울 것이 있다.

　수업을 들은 후 내가 반드시 하는 행동이 있다. 정규 강의든 일일 특강이든 관계없이 게시판에 꼭 후기를 남긴다. 나는 그것을 하나의 감사 표현이라고 생각한다.

　한 번은 수강생이 50명 이상인 5주짜리 부동산 강의를 들었다. 나는 평상시와 다름없이 매주 수업을 들은 후 후기를 써서 올렸다. 그렇다고 긴 글은 아니고, 소감과 좋았던 점을 간단히 적었던 것뿐이다. 그런데 5주 차 마지막 수업을 시작할 때쯤 강사님이 나의 닉네임을 부르고선 수업이 끝난 후 잠깐 기다려 달라고 하는 것이었다. 그날 저녁, 그분은 매주 후기를 남겨줘서 고맙다며 앞으로 공부나 투자를 하다가 모르는 게 있으면 언제든지 연락하라면서 연락처를 가르쳐 주었다.

그리고 얼마 지나지 않아 투자 판단이 잘 서지 않는 상황이 생겼다. 혹시나 하는 마음에 그분에게 연락하자 자세하게 설명해 주며 다른 고급 정보를 알려 주었다. 30분 넘게 통화하며 앞으로 어떻게 투자해야 하는지까지 훌륭한 조언을 들었다. 이것이 인연이 되어 지금까지도 그분과 좋은 인연을 유지하고 있다. 비단 이 강사님만이 아니라, 항상 강의 후기를 남기다 보니 나를 기억하는 분이 여러 명 있었다. 특히 초보 투자자 시절, 물건에 문제가 생기면 조언이나 도움을 구할 곳이 없었는데 이런 인연 덕분에 쉽게 해결한 케이스가 많았다.

무언가를 바라서 강의 후기를 남겼던 것이 아니다. 그것이 기본적인 예의라 생각해서 했던 일이다. 그러나 이러한 작은 성의 덕분에 천금을 주고도 살 수 없는 좋은 멘토들을 만날 수 있었다.

처음 무엇인가를 배울 때 곁에 물어볼 사람이 있다는 것은 정말로 행운이다. 투자를 시작하는 데 있어서 앞으로의 방향이나 궁금한 점, 확신이 들지 않을 때나 어려운 일이 생겼을 때 조언을 구할 사람이 있다면 좀 더 자신감을 갖고 행동할 수 있으며, 실수를 줄일 수 있다. 우리는 그러한 사람을 '멘토'라고 부른다.

인생 멘토니, 투자 멘토니, 말은 많이 하지만 현실에서 멘토를 만나기는 쉽지 않다. 아니, 만나는 것보다 나의 멘토를 '만드는' 일이 쉽지 않다고 해야 맞겠다. 조언해 줄 사람을 한두 번쯤 만나는 것은 가능하다. 그러나 만남을 이어가기란 어렵다. 누군가의 멘토가 될 법한 고수가 초보에게 무슨 볼일이 있어서 시간을 투자하겠는가? 게다가 만날 사람이 얼마나 많은데?

나는 책을 몇 권 더 보고 강의를 몇 번 더 듣는 것보다 나의 멘토 한 명을 만드는 데 공을 들이는 편이 백 배는 더 가치 있는 일이라 생각한다. 내가 가고자 하는 길에 멘토, 즉 스승이 있다면 책이나 강의에서는 얻을 수 없는 생생한 지혜를 얻을 수 있기 때문이다.

공을 들여야 운이 온다

그렇다면 멘토는 어떻게 만들어야 할까? 유명 강사나 저자를 찾아가 만나 달라고 떼쓰거나 아니면 그가 다니는 동선에서 무작정 기다리면 되는 것일까?

멘토가 될 만한 사람을 만나서 나의 멘토로 만들기 위해서는 공을 들여야 한다. 그러면 그 공이 내게 운으로 돌아오게 된다.

펜을 들고 종이에 '공'이라는 단어를 쓰고 거꾸로 돌려보라. 아마도 '운'이라는 글자가 보일 것이다. 그렇다. 행운을 얻으려면 공을 들여야 한다. 공들여야 운이 따라온다. 공은 성의이고 정성이고 노력이다. 아무런 공도 들이지 않았는데 운이 저절로 따라오는 일은 없다.

내가 운영하는 '김코치재테크' 카페에는 이런 문구가 있다.

"여러분의 따뜻한 댓글 하나가 언젠가 다시 돌아와 더 많은 행운과 행복을 가져다줄 수 있습니다."

나 역시 강의를 하다 보면 한 줄이라고 좋은 후기를 남겨준 분에게 고

마운 마음이 생긴다. 그런 수강생과는 식사라도 한 번 하게 되고, 질문에도 더 성심껏 대답하게 된다. 내가 아는 다른 강사님은 메일로만 질문을 받는데, 메일에 꼭 카페 닉네임을 적어 보내라고 한다. 카페 활동을 열심히 하거나 후기를 남겨준 분이면 더 자세하게 답변하지만, 평상시 카페 활동은 전혀 없다가 갑자기 질문 몇 줄만 보내온 사람에게는 답변도 그에 맞춰 기본적인 내용만 쓴다고 한다.

잘하고 못하고를 따지자는 게 아니라, 사람 마음이라는 게 그렇다. 많은 강의를 하고 많은 사람을 만나다 보니 일일이 응대할 수는 없으나, 그 중에서도 고맙고 마음이 가는 사람이 있기 마련이다. 그런 분에게는 조금이라도 도움이 되고 싶다. 단지 부동산 공부만이 아니라, 세상 모든 인간관계가 그렇지 않을까? 나에게 잘하는 사람, 적극적으로 호의를 표시하는 상대방에게 한 번이라도 더 눈길이 가고 호감을 품게 되는 것은 당연하다.

'세상에 공짜는 없다'라는 말은 어디서든 통하는 진리다. 진정으로 원하고, 갖고 싶은 것이 있다면 먼저 행동하고 공을 들여야 한다.

🏢 월세로 연봉받는 부자가 되고 싶다면

멘토도 사람이다. 도리를 갖추고 정성으로 다가가라.

치열하게, 더 치열하게 생각하라

모든 성취의 시작점은 갈망이다.

— 나폴레온 힐

●● 지금껏 천 권이 넘는 책을 읽었다. 그중 가장 큰 영향을 준 작가 한 명을 선택하라고 하면 나는 주저 없이 '나폴레온 힐'을 꼽는다. 영업할 때도, 부동산 투자를 할 때도, 힘들고 포기하고 싶을 때도 그의 책은 내게 큰 용기와 자신감을 심어주었다. 나폴레온 힐의 책은 한 권도 빠짐없이 읽었지만, 요즘도 한 번씩 꺼내어 다시 읽곤 한다. 정말 좋은 책, 내 인생에 좋은 영향을 주는 책은 몇 번을 거듭 읽어도 모자라다.

나폴레온 힐이 주는 메시지는 단순하면서도 강력하다. "생각하라, 그러면 부자가 되리라Think And Grow Rich!" 나폴레온 힐이 강철왕 카네기의 제안으로 무려 20년 넘는 기간 동안 1만 6천 명의 자수성가형 부자들을 면밀히 분석한 결과 내린 결론이다.

꿈을 이루기 위해서는 자기 스스로 사고를 조절해야 한다. 실수하고 실패하다 보면 나도 모르게 포기하고 싶다는 생각이 든다. 그렇더라도 긍정적인 마음 자세로 의지를 다잡고 어떤 상황에서든 꿈을 추구해야 한다. 그 꿈이 단순한 소망을 넘어서서 소명 의식이 되고 무의식화될 때까지 말이다. '부자가 되겠다'는 생각, 나의 말과 행동이 무의식을 지배할 정도가 되면 내면의 가능성이 당신을 성공의 길로 이끌 것이다.

고민에도 의지가 필요하다

부동산 투자를 시작했을 때, 정말로 막막했다. 공부도 하고 투자 이론도 알고 있었지만, 실전에서는 스스로 결정하고 판단해야 할 것이 너무나 많았다. 게다가 투자금도 큰 문제였다. 부동산 투자에는 목돈이 든다. 큰 돈을 한 번에 써버리면 그다음 투자는 어떻게 할 것인가? 게다가 투자에는 최소한 몇천만 원이 필요하다. 더 큰 물건을 사기 위해서는 당연히 더 많은 돈이 있어야 한다. 이런 생각만 하면 머리가 아파오고 해답이 보이지 않았다. 자본금이 해결되지 않으면 투자를 하고 싶어도 못하기 때문이다.

어떤 방향으로 투자할지도 고민이었다. 월세 투자를 계속할 것인가, 매매를 계속하고 자본금을 키워서 더 큰 물건에 투자해야 할 것인가? 그 외에도 여러 가지 고민이 있었으나 해결의 실마리가 보이지 않았다. 속은 타들어 가고 마음은 답답하고, 투자는 하고 싶은데 현실의 벽을 어찌해야 할지 생각하고 또 생각했다.

나는 고민이 있거나 머리가 복잡할 때면 그 문제에 더욱 집중한다. 결코 문제를 머릿속에서 떠나보내지 않는다. 잘 풀리지 않는다고 '어떻게든 되겠지'라는 생각으로 내버려 두거나, 머리가 아프다는 핑계로 생각을 놓으면 나중에는 신경도 쓰기 싫은 상태가 된다. 그러다 해결책이 안 보이니 '에라, 모르겠다'라는 식으로 끝나는 경우가 많다. 이 상황을 예방하려면 생각하고 또 생각해야 한다.

그걸 모르는 사람이 어디 있냐고? 실망했을지도 모르지만, 이게 정답이다. 모든 해결의 실마리는 자신의 머릿속에 존재한다. 나의 꿈과 현실, 그리고 진짜 문제를 가장 잘 아는 것은 다른 누구도 아닌 자기 자신이다. 타인의 조언이나 정보가 참고가 될 수는 있어도 해답이 될 수 없는 이유이다. 내 고민의 해답은 내 안에 존재한다. 어느 작가가 말했듯 "나는 내 운명의 주인이며, 내 영혼의 선장"이기 때문이다.

어떤 한 문제에 관해 계속해서 생각하는 데는 의지가 필요하다. 꿈을 간절히 추구하며 강한 소망을 가지고 있어야 중도에 포기하지 않을 수 있다. 해결책에 다다를 때까지 치열하게 생각하다 보면, 어느 순간 길이 하나씩 보이기 시작한다. 모든 문제의 해결은 바로 여기서부터 시작된다.

일단 생각해야 그다음 말과 행동, 실천으로 나아갈 수 있다.

답이 없는 문제는 없다, 단지 풀지 않는 것일 뿐!

지속적인 투자금 마련을 위해서 계속 고민하다 보니 '어떻게?'라는 물음이 꼬리에 꼬리를 물었고, 그 '어떻게?'가 여러 해결책에 이르게 했다. 내가 찾은 방법은 이랬다. 부동산매매사업자를 내거나 법인사업자로 낙찰받으면 대출 레버리지를 개인에 비해 최대 10% 이상 많이 받을 수 있고, 또 임차인의 권리를 최소한으로 보장하는 최우선변제금을 이용할 수도 있었다. 보증금을 받고 최우선 변제금을 뺀 금액은 대출을 갚지 않고 근저당을 갚으면 최우선변제금액만큼은 근저당을 갚지 않고 그 돈으로 재투자를 할 수도 있다.

　나는 해결할 수 없는 고민은 없다고 생각한다. 언제 해결되느냐 하는 시간과의 싸움일 뿐이다. 그보다는 해결하려는 의지가 있느냐 없느냐가 더 중요하다. 의지가 있으면 그 문제에 몰입하다시피 생각하게 되고 그러다 보면 반드시 방법을 찾을 수 있다. 고민뿐만이 아니다. 경제적 자유를 얻겠다는 생각, 부자가 되겠다는 생각, 행복해지리라는 생각을 절대 놓지 마라. 자신의 생각을 조절하는 사람만이 자기 운명의 조정키를 쥘 수 있다.

　　월세로 연봉받는 부자가 되고 싶다면

　　꿈이 있다면 틈날 때마다 그 꿈에 대해 생각하라.

투자 마인드보다 부자 마인드가 먼저다

이론만 가지고는
절대 부자가 될 수 없다

●● 내가 강의할 때마다 강조하는 말이 있다.

"부동산 이론은 언제, 어디서든 배울 수 있습니다. 하지만 이론만 가지고는 절대로 부자가 될 수 없습니다. 이론이 아닌 다른 플러스알파가 있어야 합니다."

매월 수많은 새로운 투자자가 부동산 시장에 뛰어든다. 책도 보고, 강의도 들으러 다니면서 투자할 곳을 알아본다. 하지만 반대로 수많은 사람이 부동산 투자 세계에서 떠나기도 한다. 왜일까? 떠나는 사람들은 부동산이 돈이 된다는 사실을 몰라서 투자를 그만두는 것일까? 아마도 아닐 것이다. 투자를 그만두는 데는 여러 이유가 있겠지만 그중 하나가 '아무런 투자 원칙 없이 무작정 시작한 것'이 아닐까 생각한다.

요즘도 부동산 강의를 들으러 가면 50~100명씩 참석한 경우를 흔히 본다. 얼마 전 어느 강사의 특강을 들으러 갔었는데, 강의 시간인 오전 10시가 되기 한참 전부터 100명 넘는 사람이 앉아 있었다. 부동산 투자에 대한 관심과 열정 덕분이겠지만, 그럼에도 주말 아침 일찍부터 강의를 들으러 오는 사람들이 많은 것에 놀랐다.

나 또한 부동산 강의를 하지만, 그중 돈 버는 사람은 몇 명이나 될까? 내가 5명 내외의 소수로 진행하는 강좌의 경우 수강생의 70~80% 이상이 낙찰받고 계속해서 많은 수익을 얻었다. 하지만 단순히 기본강의만 하는 강좌의 경우 낙찰받고 수익을 얻은 비율은 수강생 중 20~30%에 그쳤다. 이같이 차이가 나는 이유는 무엇일까? 나의 결론은 이렇다. 부동산 이론만 가지고는 돈을 벌 수 없기 때문이다!

나 또한 처음 부동산 투자를 시작했을 때는 수많은 신규 회원 중 한 명이었다. 나와 함께 공부했던 사람들 중 지금까지 부동산 투자를 계속하는 사람은 과연 몇 명일까? 당시 함께 공부를 시작했던 사람이 100명이었다고 가정한다면, 나를 포함하여 10~20여 명 안팎에 그치지 않을까?

방법을 알면서도 하지 않는 이유

무슨 일이든 처음 시작할 때는 열의가 넘친다. 금방 부자가 될 것 같다. 그러나 조금 지나면 점차 열정이 희미해지고, 부동산 공부를 처음 시작할 때 했던 나와의 약속에도 나태해진다. 막상 투자하려니 돈도 없고, 또 돈이 있더라도 불안하다. 이런 식으로 상당수가 실전에 도전해 보지도 않은 채 부동산 투자의 세계에서 사라진다. 투자를 시작한 다음은 또 어떤가? 권리분석이니 임장이니 힘든 과정을 거쳐 입찰했는데 생각보다 낙찰이 쉽지 않다. 몇 번 패찰하는 가운데 또 몇 명이 사라진다. 낙찰을 받았는데 수익이 생각보다 보잘것없거나 손해를 보기도 하면 '에이, 이거 기대하고는 영 다르네'라고 생각한다. 그렇게 1년, 2년 지나면서 서서히 남는 인원이 줄어든다.

돈 버는 길을 알고 있으면서도 스스로 그 길에서 멀어지는 것이다. 앞서 부자가 되기 위해 아낌없이 돈과 시간을 투자해야 한다는 것은 바로 이런 이유에서다. 포기하지 않고 계속하는 힘을 가지기 위해서는 단순 이론 외에 플러스알파가 필요하다.

독자 여러분도 마찬가지다. 부동산 공부 후 본격적인 투자를 시작하기에 앞서, 어떤 상황에서도 투자에 대한 관심을 잃지 않고, 원래 생각했던 길로 자신을 끌고 나가기 위한 플러스알파를 찾아야 한다. 만약 갖추고 투자한다면 훨씬 더 큰 수익을 얻으며 지속적으로 투자할 수 있을 것이다.

나 역시 부동산 투자를 하면서 많은 실수와 좌절을 맛보고, 중간에 포기하고 싶을 때도 있었다. 하지만 무수한 어려움과 과정을 이기고 여기까지 올 수 있었던 것은 '나는 부자가 되겠다'라고 했던 바로 그 결심 덕분이었으며, 이를 위해 갖추려 노력했던 '부자 마인드'가 나를 끌어올리는 플러스알파가 되어주었다.

남들 다 아는 투자 이론만 가지고는 부자가 되기에 턱없이 부족하다. 이론에 더해 부자 마인드가 있어야 한다. 바로 이것이 당신을 새로운 세상으로 안내하는 강력한 무기가 되어줄 것이다. 나는 이 책을 읽는 여러

분이 자기만의 플러스알파를 진심으로 찾았으면 하는 바람이다. 이론만으로는 부자가 될 수 없다는 사실을 다시 한번 기억하자!

투자 마인드에 앞서, 부자 마인드부터 갖춰라

누구나 부자가 되고 싶어 한다. 그리고 나는 누구나 부자가 될 수 있다고 믿는다. 다만 조건이 있다. 투자할 때 투자 마인드가 있어야 한다는 말은 많이 들어봤을 것이다. 하지만 나는 투자 마인드에 앞서 먼저 부자 마인드가 있어야 한다고 생각한다. 부자가 되고 싶은 마음이 없는데 투자 마인드를 키워봤자 무슨 소용인가? 우리가 투자를 하는 이유는 부자가 되기 위해서이다. 따라서 부자 마인드를 키우는 것이 부자가 되기 위한 우선 조건이다.

그렇다면 부자 마인드란 무엇일까?

특별한 것은 없다. '나는 부자가 되고 싶다'는 간절한 소망, '나는 부자가 되고 말 것이다'라는 마음이 바로 부자 마인드 기본이다. 부동산 투자를 처음 시작했을 당시 매일 5시간 이상을 걸어 다니며 고객을 상대하다 집에 돌아오면 그저 쉬고만 싶었다. 만사가 귀찮고 아무것도 하지 않고 누워서 핸드폰을 만지작거리거나, 가만히 앉아서 TV만 시청하고 싶었다. 일과가 끝나면 동료들과 술도 한잔 마시고 싶고 친구들과 놀고 싶기도 하고 또 데이트도 하고 싶었지만, 매일 이 모든 것을 포기하고 모든 유혹을 뿌리치고 집에 돌아와 책상 앞에 앉았다. 그렇게 부동산 책을 읽고 또 읽었다. 고단하더라도 그렇게 살 수밖에 없는 이유가 있었다.

정말로 부자가 되고 싶었기 때문이다.

'진짜, 정말, 간절하게 부자가 되고 싶다. 그리고 나는 반드시 부자가 될 것이다.'

이 소망이 다른 어떤 유혹이나 정신적 신체적 피로를 이겼다. 그러자 자연스럽게 해야 할 일과 하지 말아야 할 일이 하나씩 정리되었다. 불필요한 연락을 끊고, 친구들과도 거리를 뒀다. 그렇게까지 할 필요가 있었냐고? 적어도 시작하는 단계에서는 독한 마음을 가지고 할 일을 해나가지 않으면, 절대 원하는 것을 가질 수 없겠다고 생각했기 때문이다. 만날 사람 다 만나고 할 것 다 하면서 언제 공부하고 부자가 될 수 있겠는가? 이런 식으로 꿈을 이루는 데 방해가 되는 것들과 멀어지고, 힘들더라도 부자가 되기 위해 해야 할 일들을 하게 되었다. 이런 마인드가 없었다면 나 또한 얼마 못 가서 투자를 그만뒀을 것이다.

부자가 되기로 굳게 결심한 직후, 곱씹고 또 곱씹은 말이 있다.

'딱 3년만 죽었다 생각하고 하고, 이후 30년을 편하게 살자!'

그리고 실제 3년이 지난 후부터는 경제적으로 훨씬 자유로운 삶을 살게 되었다.

여기에 더해, 지금까지도 내가 가슴에 새기고 살아가는 말이 있다.

'돈이 있어서 강한 것이 아니라, 돈이 없으면 약해지는 것이다.'

다시는 약한 존재로 살아가고 싶지 않다. 나 자신을 지키고 내가 사랑하는 사람들을 지키는 힘을 가지고 싶다. 이런 생각들이 지금까지도 내 마음속 깊은 데서 '부자'의 꿈을 향해 가는 간절한 동력이 되어준다.

처음 투자를 시작할 때는 누구나 설렌다. 새로운 일에 도전하는 기분에 들뜨고, 다른 사람의 성공담에 흥분한 나머지 나 역시 벌써 부자가 된 것 같은 기분이 들기도 한다. 이것이 문제라는 것은 아니다. 모두 다 출발은 비슷하다는 이야기이다.

여기서 차이를 만드는 것은 부자 마인드가 있느냐 없느냐 여부이다. 부자 마인드가 있으면 투자하면서 힘들거나 어려움이 생기더라도 포기하지 않고 계속해서 앞으로 나아갈 수 있다. 부동산 이론은 이러한 많은 어려움을 절대로 해결해 줄 수 없다. 이론은 단지 지식일 뿐이다.

이른 새벽에 일어나는 것은 누구나 힘들다. 다른 사람들 쉴 때 더 열심히 공부하는 것도 힘들고, 힘든 환경에서도 부자가 되겠다고 발버둥 치는 것도 힘들다. 아무나 붙잡고 물어봐도 힘들기는 매한가지다. 이런 힘든 과정을 이겨내는 데 도움이 되는 것은 이론이 아니다. 바로 이겨내는 힘, 바로 '부자 마인드'가 필요하다.

부자 마인드는 수많은 어려움과 선택에서 우리를 경제적 자유의 길로 안내해 줄 것이다. 부자가 되기 위해서는 부자가 될 수밖에 없는 생각과 행동을 하면 된다.

🏢 **월세로 연봉받는 부자가 되고 싶다면**

공을 들이면 운이 따라오고, 부자 마인드를 갖추면 부자가 된다.
세상 모든 일에는 원인과 결과가 존재하는 법,
먼저 원인을 먼저 만들어야 결과가 발생할 것이다.

PART 03

실천
—
경제적 자유로 가는 여정에 시동 걸기

부자가 되기로 결심한 사람들의
현재 진행형 성공기

오늘 당장 시작해야 하는 이유

시간은 나의 성공을
기다려주지 않는다

●● 새로운 강좌의 첫 시간마다 수강생들에게 항상 던지는 질문이 하나 있다.

"여러분은 어떤 삶을 살고 싶습니까?"

이런 질문을 하는 이유는 명확하다. 지금, 어떤 삶을 꿈꾸느냐에 따라서 생각과 행동 그리고 앞으로의 인생이 완전히 달라지기 때문이다.

누구나 부자가 되기를 원하고 성공하길 바라지만, 그 소망이 얼마나 절실한가는 모두 다르다. 사람마다 느끼는 인생의 무게감이 다르듯, 각자 간절함의 크기도 모두 다른 것 같다.

지난 10년을 돌아보건대, 나를 경제적 자유로 이끈 것은 부동산 투자법이 아니었다. 어떤 특정한 이론도 아니었다. 그런 것들이 중요하기는 해도 결정적이지는 않았다. 사실 가장 중요했던 것은 부자가 되기를 절실히 원하는 마음, 그리고 부자라는 꿈을 향한 집념과 끈기였다.

주식 투자 실패로 나락에 떨어져 앞이 보이지 않았을 때, 나를 일으켜 세운 것은 다시 일어서야겠다는 강한 집념과 끈기였다. 영업과 투자를 병행하며 버틸 수 있었던 것도 '돈으로부터 자유로워지고 싶다'라는 간절함이 매우 컸기 때문이었다. 지금 포기하면 앞으로도 이렇게 살 수밖에 없다는 생각에 절대 그만둘 수 없었다. 부자로 가는 길에서 겪는 고통은 순간이지만, 부자가 되지 못한 까닭에 겪어야 할 고통은 앞으로 평생 갈 수 있기 때문이었다.

뚜렷한 목표 의식이 좌절을 예방한다

부자가 되겠다는 결심의 근간이 '간절함'이었다면, 꿈을 식지 않게 해준 것은 뚜렷한 목표였다.

투자를 하거나 사업, 장사 등 어떤 일이든 하다 보면 문제가 발생하기 마련이다. 나는 성공하고 부자가 되는 사람들의 특징 중 하나가 스스로 문제를 해결하는 능력이라고 생각한다. 문제에 대한 핑계보다는 해결할 방법을 찾는 사람이 성공한다. 또한, 그것을 긍정적으로 인식한다는 것도 특징이다. 즉, '과정에서 일어나는 문제들은 결국 부자가 되는 데 필요한 하나의 과정일 뿐'이라고 받아들인다. 이런 자세 덕분에 설사 결과가 아쉬워도 만족하고 그다음으로 전진한다.

운명은 때로 얄궂다. 내 마음 같지 않은 결과에 실망해 멈춰 버리면, 그때껏 노력한 모든 것들이 허사가 되고 만다. 한번 정지되면 다시 시동을 걸기까지 시간이 걸린다.

지금 이 책을 읽는 당신이, 운명적인 기회가 올 때를 기다리는 그런 사람이 아니길 바란다. 기회는 절대 저절로 굴러들어오지 않는다. 어제보다 나아질 수 있는 작은 기회라도 오면 그것을 잡기를, 감정이 움직이면 주저 말고 나서기를 바란다. 원론적이지만 그것이 부자가 되는 방법이다.

부자가 되기로 결심한 사람들의 리얼 스토리

많은 사람이 타인의 성공담을 통해 자극받는다. 그러면서 '나도 이 사람처럼 될 수 있을까?' 생각한다. 이제 생각을 바꿔라. 당신 자신의 성공 스토리를 오늘부터 한 문단 한 챕터씩 만들어 간다고 생각하라. 절대 어려운 이야기가 아니다. 결심하고 행동에 옮기는 순간부터, 당신도 부자가 될 수 있다!

지금부터 소개하는 분들이 그 증거이다. 다음 장부터는 우리 주변에서 흔히 볼 수 있는 평범한 사람들이 부자가 되기로 결심하고 경제적 자유를 조금씩 성취해 나가는 과정을 만날 수 있다. 이들이 부자가 되기로 한 이유는 각기 다르나, 최종 목표와 꿈은 모두 비슷하다. 그리고 같은 꿈을 향해 각자 주어진 위치에서 누구보다 최선을 다해 살아가고 있다.

특별할 것 없는, 아주 평범한 우리 이웃들의 투자 이야기가 독자 여러분에게 좋은 자극이 되기를 바란다. 각 장에는 사례자들이 직접 쓴 수기를 실었다. 이분들은 전문적인 작가가 아니기에 글솜씨가 약간 미흡할 수 있으나, 그 안에서 진정성을 느끼고 '나도 할 수 있다'는 긍정적인 에너지를 얻을 수 있으리라 확신한다.

　당신은 부자가 못된 것이 아니라, 아직 부자가 안 되었을 뿐이다! 한 번뿐인 짧은 인생, 앞으로 누구보다 행복하고 멋있게 살아보기 위하여 부자가 되기로 결심한 사람들의 이야기 속으로 들어가 보자.

월세로 연봉받는 부자가 되고 싶다면

자극을 주는 사람들의 이야기를 통해 지혜와 용기를 얻어라.

2천만 원으로 시작한 부자 되기 프로젝트

투자 실전기 (1)
평촌베키 님의 이야기

●●○ "남자친구와 같이 상담받고 싶은데 그래도 될까요?"

첫 만남을 앞두고 평촌베키(이하 베키) 님이 내게 했던 질문이다. 그 남자 친구가 지금 남편이 되어 있다. 나는 이 부부를 무척 좋아한다. 베키 님은 30대 초반, 남편은 20대 후반으로 나이는 나보다 어리지만 부부가 같은 꿈을 꾸며, 함께 의논하고 나아가는 모습이 멋있고 부럽다.

부부가 함께 부동산 경매를 하는 경우, 성향이 비슷한 것보다는 조금 다른 편이 좋다고 본다. 부족한 부분을 서로 보완할 수 있기 때문이다. 그런 면에서 이들 부부는 환상의 조합이다. 베키 님은 생각이 많은 동시에 성격이 무척 급하지만, 남편은 여유 있게 행동하는 스타일이다.

베키 님은 평범한 회사원이다. 퇴근 후면 피곤할 법도 하지만 오히려 경매를 배우는 수업 시간이 더 신난다고 한다. 회사생활을 하면서도 주간 과제를 열심히 하며, 주말이면 남편과 함께 경차를 타고 주말 내내 데이트 겸 임장을 즐겼다.

사실 낙찰이란 쉽지 않다. 낙찰을 받기까지 몇 번 입찰하다가 그만두는 사람도 매우 많다. 베키 님의 경우 투자금도 많지 않았다. 2천만 원도 안 되는 돈으로 시작했기 때문에 투자할 수 있는 물건도 적었다.

자본금 문제로 투자를 고민하는 사람들에게 내가 항상 하는 말이 있다.

"돈이 없으면 당연히 투자를 못 하지만, 돈이 있는데도 못 하는 사람들도 많습니다. 돈의 액수보다 하고자 하는 마음과 실천하는 행동이 더 중요합니다."

이 말을 행동으로 가장 잘 보여준 이가 바로 베키 님이다.

누구는 2천만 원이라는 돈으로 어떻게 아파트를 사겠느냐며 작은 자본을 핑계 삼지만, 다른 누구는 같은 금액으로 부자가 될 방법을 찾고 그 자본을 미래의 씨앗으로 삼는다. 이것이 부자와 평범한 사람의 차이가 아닐까? 꼭 당장 보유한 돈으로만 부자가 되는 게 아니다. 지금 얼마를 가지고 있든 그 돈으로 경험을 사고, 사람을 얻고, 미래의 꿈까지 살 수 있다.

베키 님은 단돈 2천만 원을 가지고 투자할 수 있는 지방 아파트를 찾아다녔다. 입찰 후 떨어지기를 반복했지만 멈추지 않았다. 이들 부부의 시선이 현재가 아니라 앞으로 5년 후를 향하였기에 가능했다. 부자가 되는 행보는 그렇게 시작하는 것이다. 시작부터 부자인 사람은 없고, 투자의 길에 뛰어들자마자 바로 부자가 되는 사람도 없다.

그렇게 몇 번을 떨어지면서도 입찰을 멈추지 않더니 드디어 낙찰을 받게 되었다. 그것도 두 건을 동시에 말이다! 이 또한 운일 수 있으나, 나는 그 운도 베키 님 스스로 만든 것이라고 생각한다. 지금 베키 님은 두 건의 투자로 월 50만 원이라는 월세를 받고 있다. 이렇게 한 채씩 늘려나가면 분명히 소망하는 경제적 자유를 얻을 수 있으리라 믿는다.

돈의 크기는 모두에게 다르다. 누군가에게 50만 원은 작은 돈일 수 있으나, 누군가에게는 큰돈이다. 베키 님의 경우에는 그 돈이 씨앗이 되어 더 큰 돈을 벌어줄 것이기에, 눈에 보이는 숫자 이상의 가치를 가진다고 하겠다.

당장 돈이 없다거나 작은 자본금으로 얼마나 벌겠느냐는 마음으로 '투자는 나와 먼 이야기'라고 생각하는 사람들에게 베키 님의 이야기를 꼭 들려주고 싶다. 이미 부자가 되는 시스템을 경험하였으므로 5년 후, 10년 후 베키 님의 미래는 분명 다를 것이다.

✉ 나는 이제부터 부자가 될 것이다

저는 대한민국에서 중간 즈음 어딘가에 있을 법한 흔하디흔한 직장인입니다. 평범하게 학교 다니고 졸업 후 지체 없이 적당한 직장에 취업해 성실하게 일하는 보통의 대한민국 청년, 그게 바로 저입니다. 그런 내가 현실 경제에 눈 뜨고 미래를 고민하게 되기까지, 그리 오래 걸리지 않았습니다. 입사 초기에는 능력을 인정받으며 보람도 느꼈지만, 얼마 지나자 보수나 대우는 그대로인 채 '회사에서 중요한 인물'이라는 립서비스만 받으며 일하는 나 자신을 발견했습니다. 업무

과중과 스트레스로 인해 '무엇을 위해 돈을 버는가?'라는 질문을 스스로 던질 수밖에 없었습니다.

이런저런 고민 중에서도 저를 가장 힘들게 했던 것은 불확실한 미래였습니다. 부모님과 같이 살며 꽤 착실하게 저축했지만, 그럼에도 1년 동안 모을 수 있는 돈은 고작 천만 원을 조금 웃돌 뿐이었죠. 이런 식으로 살다가는 몸에 이상이 생기거나 마음이 지쳐 일하고 싶지 않을 때마저도 근근이 생활해 나가기 위해, 고작 얼마 되지 않는 급여를 포기할 수 없어서 억지로 일하게 될 것이 뻔했습니다.

부를 목적으로서가 아니라 생활 유지를 위해 하기 싫은 일을 억지로 해야 하는 나 자신이 노예처럼 느껴졌습니다. 그것이 내 미래가 되리라 생각하니 우울하기도 했지만, 동시에 어떻게든 벗어나겠다는 마음이 강하게 생겨났습니다.

그즈음 더 나은 삶을 살기 위해 부동산에 투자해야겠다는 막연한 생각이 싹트기 시작했습니다.

'도대체 돈이 많은 사람들은 어떻게 큰 부자가 되었을까?'

부자들이 쓴 책을 섭렵하다 보니 대부분이 부동산 투자를 통해 부를 일궜다는 걸 알게 되었습니다. 부모로부터 큰 자산을 물려받아 처음부터 강력한 자본으로 큰 투자를 했던 사람들도 있었지만, 적지 않은 사람들이 소액으로 부동산 투자를 시작했고 경제적 자유를 얻었다는 메시지에서 희망을 발견했습니다. 자연히 부동산 투자 관련 책, 유튜브 방송, 인터넷 카페 등 접할 수 있는 모든 미디어를 통해 부동산 투자에 대해 알아보기 시작했습니다.

투자의 시작, 종잣돈 모으기가 먼저다

'돈이 얼마나 있어야 부동산 투자가 가능할까?'

이런 질문이 머릿속에 맴돌던 당시 제가 저축해 놓은 돈은 천만 원도 되지 않았습니다. 적은 돈으로 할 수 있는 투자를 알아보다가 자연스럽게 부동산 경매에 대해 이르렀는데, 경매 경험자들이 말하는 실제 투자금은 믿을 수 없는 수준이었습니다. 대출금과 임대 보증금을 레버리지로 끌어와 결과적으로 집 한 채당 500만 원이 들지 않는 경우도 있었고, 때에 따라서는 심지어 돈이 생겨나는 이른바 '플러스 피 투자' 또한 가능하다고 했습니다.

이런 사례들을 접했을 때 제가 했던 생각은 '정말 단돈 천만 원 가지고도 집을 살 수가 있는 거야? 그러면 나도 할 수 있다는 거네! 나도 부동산 투자 정말 해보고 싶다!'였습니다. 그러나 선뜻 투자를 시작할 수는 없었습니다. 남의 이야기만 같았던 책과 유튜브의 성공 경험담만 믿고 투자를 실행하기에는 내 안의 두려움이 너무 컸던 것도 있지만, 더 중요한 이유는 따로 있었죠. 바로 코칭 프로그램이나 많은 재테크 전문가들이 투자 시작 전에 독한 마음으로 종잣돈 '삼천만 원'을 모을 것을 권장했기 때문이었습니다.

"내가 일 년 동안 저축할 수 있는 돈이 천만 원이 될까 말까인데, 3천만 원을 모으려면 3년 동안 사고 싶은 것 안 사고, 먹고 싶은 것 안 먹어가며 돈을 안 쓰는 방법밖에 없네! 정말 씁쓸하다. 꼭 이렇게까지 해야만 하는 걸까?"

투자는커녕 투자를 위한 준비 자체가 큰 산이었습니다. 하지만 얼마 지나지 않아 왜 시간을 소요해가며 종잣돈을 모아야 하는지를 깨달았습니다. 투자금이 커야 얻는 수익 또한 크다는 것은 당연한 이야기입니다. 그보다 더 중요한 것은 종잣돈을 모으는 과정에서 부자가 되기 위한 의지력과 마인드가 다져지기 때문이었습니다.

통장의 잔고가 0인 사람이 3천만 원이라는 돈을 모으기 위해서는 굉장한 노력과 의지가 필요합니다. 이것은 연봉이 높은 사람이든 낮은 사람이든 매한가지입니다. 우선 소득이 높은 사람은 사회적 위신을 고려하고 스스로 벌이가 좋다는 것을 알기 때문에 미래를 대비하기보다는 현재의 풍족함을 누리느라 바쁩니다. 외제 차, 명품 가방, 비싼 취미에 많은 돈을 소비하므로 씀씀이가 크고 종잣돈을 모으는 자체와 거리가 먼 경우가 많습니다. 제 나이 또래 직장인의 평균 월 급여가 200만~300만 원이라는 것을 고려할 때, 사치하지 않고 월수입 50%를 저축한다고 해도 3천만 원을 달성하려면 2~3년은 족히 걸립니다. 집에서 독립해서 사는 경우 소득 대비 저축 비율은 이보다 더 낮아집니다. 이제 막 학생이나 취업준비생 신분을 벗어나 소득이 생기기 시작했다면 나를 위해 돈을 쓰는 재미가 쏠쏠할 때이기도 하죠. 이런 상태에서 장기적인 목표를 이루기 위해 독한 마음으로 저축에 매진하려면 피나는 의지와 절제력이 필요합니다.

소비를 절제해야 하니 많은 것들을 참아야만 했습니다. 사회 초년생 시절 휴가마다 해외여행을 즐겼는데, 강제 저축을 하며 가장 먼저 포기해야 했습니다. 가까운 일본이나 동남아로 가더라도 며칠 만에 100

만 원 이상을 써야 하는 해외여행은 제게 사치가 되어버렸습니다. 계절이 바뀔 때마다 사고 싶었던 예쁜 옷과 신발을 사지 않기 위해 아예 백화점으로는 발길을 끊었습니다.

뿐만 아니라 용돈 씀씀이를 줄여 보려고 도시락을 싸서 출근했고 카페에서 달콤한 디저트를 먹는 횟수도 줄였습니다. 먹는 것을 줄일 때는 화도 나고 서럽기도 했습니다. 불확실한 목표를 이루기 위해 지금의 행복을 포기한다는 생각에 스스로 자꾸만 되물었죠.

"정말 이렇게까지 해야 하는 거냐?"

강제 저축을 하면서 동시에 제가 했던 것은 다름 아닌 독서였습니다. 이 시기에 주로 읽었던 분야는 자기 계발, 동기부여, 재테크, 부동산 투자 등입니다. 백화점 대신 서점에 가는 횟수가 많아졌고, 한번 책에 빠지면 앉은 그 자리에서 시간 가는 줄 모르고 책을 읽었습니다.

책을 읽으며 나 자신이 처한 상황에 대한 마음이 가장 크게 변했습니다. 처음에는 '이렇게 아껴서 도대체 언제 부자가 될까? 내가 좋아하는 케이크 한 조각 먹을 돈까지 아껴가며 과연 내가 부자가 되긴 될까?' 생각하며 처지를 비관하기도 했습니다. 그런데 부자들의 생각을 읽고 내 것으로 만들면서 서서히 '그래, 좋은 날이 반드시 올 거야. 강한 의지로 종잣돈을 모으면 곧 나도 투자란 걸 할 수 있겠지. 그동안 열심히 돈을 모으고 공부하면서 힘내 보자'라는 생각으로 바뀌었습니다. 독서를 통해 부자들의 생활과 사고방식을 간접적으로 익히며, 나 또한 부자가 되고 싶다는 열망이 더욱 강해졌습니다.

3년 만에 목표했던 종잣돈을 만들다

첫 투자를 위한 투자금을 모으는 동안 저의 생활과 사고방식에는 큰 변화가 생겼습니다. 소비패턴이나 생활방식의 변화도 있었지만, 그보다도 더 중요한 것은 생각이 바뀐 것입니다. 부자가 되고 싶다는 소망 자체가 옳지 못하다는 생각이 내면에 강하게 자리 잡고 있었음을 알게 되었고, 이 생각이 부자와 부에 대한 그릇된 시선으로부터 비롯되었다는 것을 깨달았습니다. 이런 생각을 고치니 스스로 욕망에 대해 솔직해질 수 있었고, 자나 깨나 한 가지 생각만 하게 되었습니다.

'어떻게 하면 부자가 될 수 있을까?'

소비 욕구를 절제하며 받던 스트레스는 줄어들고, 저축 액수는 조금씩 더 늘어났습니다.

저는 가난으로 인해 아주 어려움을 겪어 보지는 않았습니다. 생활고를 겪지도 않았고 경제적인 문제로 가정불화를 경험했거나 극단적인 선택을 하는 경우 또한 주변에 없었습니다. 직장 내 부조리에 대한 저항과 시간적 자유에 대한 열망이 부자가 되고 싶은 내 욕망의 시발점이었습니다. 하지만 "너는 왜 부자가 되고 싶어?"라는 남자친구의 질문에, 돈이 가져다줄 행복에 대해서도 생각하게 되었습니다.

저는 가족이 가난해서 불행하다고 생각해 본 적이 없었습니다. 하지만 만약 일하지 않아도 될 만큼 돈이 많았다면 엄마가 원하는 유럽여행을 일등석을 타고 갈 수도, 아빠가 공부를 더 하셨을 수도 있었을 테지요. 돈이 불의의 사고나 불운까지 막아주지는 못하지만, 생활 속에서 필요하거나 갖고 싶은 것들 대부분은 해결해 줄 수 있습니다. 그러므로 행복의 상당 부분은 돈으로 살 수 있다는 것도 어느 정도 맞는 말입니다.

단순히 현실에 대한 저항으로 힘 있는 부자가 되고 싶었던 열망은 점차 '부자가 되면 사랑하는 사람과 이렇게 살아야지'라는 절실한 희망으로 바뀌어 갔습니다. 왜 부자가 되고 싶으냐고 물어본 남자친구와는 경제관과 미래에 대해 진지하게 대화하기 시작했고, 그것을 계기로 함께 미래를 계획하며 가족이 되는 꿈을 꾸게 되었습니다.

그렇게 종잣돈 목표 액수를 정하고 소비를 절제한 지 약 3년 만에 부동산 투자에 첫발을 내디뎠습니다. 목표했던 시간은 2년이었지만, 그 사이 중고 경차를 샀고 제 인생에서 가장 중요한 결정인 결혼을 하게 되어 1년 정도 시간이 더 소요되었습니다. 결혼 자금을 따로 모은 것은 아니었기에 준비하는 과정에서 지출을 최소로 계획하고 식을 치렀습니다. 놀랍게도 결혼한 그달, 저의 통장 잔액은 목표 종잣돈 액수를 찍었고 덕분에 우리 부부는 결혼과 동시에 첫 투자를 진행하려는 계획을 세울 수 있었습니다. 결혼 준비로 분주했던 그 시기에도 하루라도 빨리 투자를 시작해 작은 수익이라도 실현해 보자는 소망이 절실했습니다. 심지어 신혼집보다도 투자할 부동산을 찾기 위해 열심히 쫓아다녔을 정도입니다.

오직 의지력으로 시작한 경매 투자

우연한 기회로 일대일 경매 수업 및 코칭을 해주는 김코치를 만나게 되었습니다. '입찰가를 알려주지는 않지만 한 번 배우면 평생 써먹을 수 있다'는 문구에 이끌려 동네 도서관으로 달려가 이분의 책을 읽었습니다. 가난하던 시절 부자가 되고 싶었던 간절함을 담은 이야기에 마음이 동해 상담을 진행하고 수업을 받게 되었습니다.

수업을 받으면서 많은 모의 입찰을 시도했는데, 직접 입찰할 물건이 아니었음에도 한 주에 한 건 이상은 직접 물건지를 찾아가 임장하고 시세 조사도 해 보았습니다. 투자금이 크지 않았던 탓에 다세대주택인 빌라를 주로 살펴보았는데, 빌라는 아파트와 달리 시세가 명확하게 나와 있지 않았습니다. 연식이나 입지에 따라 같은 지역 내에서도 가격이 천차만별이었기 때문에 근처 부동산에 문의하는 것 외에는 방법이 없었습니다.

"사장님, 안녕하세요. 여기 전세나 월세 좀 구하려고 하는데, 시세가 어느 정도인가요?"

"투룸 빌라 알아보려고요. 전월세 시세가 어느 정도죠?"

부동산에 들어가는 것 자체가 두려웠지만, 남편과 함께 가니 생각보다 쉽게 이런 말을 꺼낼 수 있었습니다. 젊은 커플이 이렇게 방을 보러 다니니 신혼집을 구한다고 생각하여 이런저런 집을 친절히 소개받기도 했습니다. 그러나 이 방법은 일일이 집을 보러 끌려다녀 시간이 많이 소요되거나 구체적인 조건을 물어볼 때 막힌다는 단점이 있었습니다. 결국, 배운 대로 솔직하게 "경매로 나온 집을 살펴보러 왔다가 시세를 여쭈러 왔어요"라고 말하며 다니게 되었습니다. 반갑지 않은 손님이니 싫어하는 부동산 소장님들도 있었지만, 욕 한 번 먹으면 그만이지 하는 마음으로 시세 조사를 위해 열심히 발품을 팔았습니다.

그렇게 5주간의 수업을 마칠 즈음, 직접 입찰하고 싶은 물건이 생겨 임장을 단행했습니다. 오이도에 위치한 방 3개짜리 빌라였는데, 직접 근처로 가보니 근거리에 초등학교도 있었고 학원도 있는 등 활기차 보이는 동네였습니다. 동네 부동산에 들어가 시세를 물어보니 경매로 나온 감정가가 시세보다 비교적 낮게 책정됐음을 알게 되었고, 인근 공단과 물류센터들이 많아 회사 기숙사로도 많이 사용된다는 임대 정보 또한 얻었습니다. 더운 날씨에 땀을 뻘뻘 흘리며 돌아다니다가 편의점 아이스크림을 먹으며 임장을 마무리하고, 집에 돌아와 입찰가를 고민하기 시작했습니다.

실은 해당 물건을 월세 임대용으로 사용하고 싶었는데, 부동산에서 조사했던 전세 시세가 생각했던 것보다 높았기에 입찰가를 높여야 하나 고민하게 되었죠.

"전세가보다 높이 입찰가를 쓰면 거의 감정가의 90% 가까운 가격인데, 어떻게 하지……? 입찰가를 높여버리면 내가 생각하는 만큼 수익 실현이 어려울 수도 있는데."

고민에 고민을 거듭하다가 감정가의 약 80% 가까운 가격으로 입찰가를 산정했습니다. 회사에는 휴가를 내고 아침 일찍 안산 법원으로 향했습니다. 첫 입찰이기에 욕심부리지 말고 계획한 입찰가에 써 내고 패찰하더라도 경험을 쌓았다고 생각하자며 설레는 마음을 진정시켰습니다. 9시가 안 되어 법원에 도착했기에 경매법정 문은 굳게 닫혀 있었고, 아침 일찍 오는 대출 브로커 아주머니들만 근처에서 서성이고 있었습니다. 5주 동안 경매를 가르쳐 주신 김코치와 연락을 주고받는 커피를 마시며 한 시간가량을 기다렸습니다.

드디어 오전 10시가 넘어 법정 문이 열렸고 웅성웅성한 가운데, 오늘 재판에 해당하는 사건 번호를 확인했습니다. 이런! 제 눈을 믿을 수 없었습니다. 입찰을 준비해 간 사건 번호가 변경되어 당일 경매가 진행되지 않는다는 것이었습니다. 집에서 출발 전 혹시라도 이런 일이 생길까 봐 대법원 경매 사이트에서 변경 및 취하 여부를 확인했지만 아무런 업데이트가 없었기에 마음을 놓고 아무런 대비를 하지 않았던 터였습니다.

"내가 얼마나 눈치 봐가며 휴가를 냈는데! 고작 법원 구경하자고 여기까지 온 거야? 정말 허무하네! 이래서 경매하겠나, 참……."

그날 전 '시간이 곧 돈'이라는 말을 절실히 느꼈습니다. 온종일 시간이 직장에 묶여 있는 회사원이라 무한정 입찰의 기회를 누릴 수도 없었기에 현 상황에서 경매를 지속할 현실적인 방법을 찾아야만 했죠. 혹시나 내가 준비해 간 사건이 변경, 취하 등으로 진행되지 않을 경우를 대비하여 두 건 이상 입찰할 준비를 하고 법원에 가야 한다는 것을 돌아오는 길에 깨달았습니다.

낙찰에 목말라 있던 저는 그 후로도 꾸준히 물건 검색을 하고 임장도 했습니다. 입찰할 물건도 분명한 조건을 가지고 조사했습니다. 제가 검색했던 조건은 주로 유찰이 1회 이상 진행된 인천의 감정가 1억 원 이하의 빌라들이었습니다. 점심시간과 퇴근 이후에 열심히 물건 검색을 하고 일주일에 두 번 이상은 인천까지 왔다 갔다 하는 날들이 이어졌습니다. 외근이 많은 직업 특성상, 인천 지역으로 출장을 갈 때마다 잊지 않고 체크하거나 검색했던 물건은 반드시 확인하고 오곤 했으며 패찰을 한 날은 점심 식사 후 바로 다음 입찰할 물건지에 들렀다 오기도 했습니다.

휴가를 쓰기가 어려웠으므로 우리 부부는 신혼여행을 떠나는 날 아침에도 인천 법원으로 가서 입찰을 시도했습니다. 사정상 결혼식 후 몇 달이 지나서야 가게 된 신혼여행이라, 혹시나 낙찰이라는 작은 선물이 있지 않을까 바랐지만 그날도 역시나 패찰하고 말았습니다.

언제 낙찰을 받을 수 있을지에 대한 불안감도 있었지만, 그보다도 매번 2등이나 3등으로 떨어지는 연이은 패찰이 더 속상하고 힘들었습니다. 패찰할 때마다 '조금만 더 가격을 높게 적을 걸 그랬나?'하는 생각이 들었지만, 이 또한 결과를 알고 난 다음이기 때문에 어쩔 수가 없었습니다. 높게 적으면 낙찰이야 받을 수 있겠지만 그렇게 하면 경매를 하는 의미가 없으니까요.

법원에 한 번 갈 때마다 두 건씩 입찰했는데, 낙찰가와 간발의 차이로 패찰했기 때문에 아쉬움이 이루 말할 수 없었습니다. 낙찰에는 분명 운도 적지 않게 작용하는 것 같았습니다.

연이은 패찰, 그리고 드디어 누린 낙찰의 기쁨

인천에서 연이은 패찰로 실망할 무렵, 지방으로 눈을 돌리게 되었습니다. 제가 가진 투자금으로 수도권 아파트를 노리기는 무리였기 때문입니다. 저는 인천 지역 빌라들을 주로 검색했는데, 이마저도 부동산에 몰린 열기로 인해 반지하나 탑층이 아니면 감정가에 가깝게 낙찰되었습니다. 낙찰 경험이 없는 초보 경매인으로서는 마음이 내키지 않았고 선뜻 낙찰만을 위한 입찰을 하고 싶지는 않았습니다. 물건 검색을 시작할 때부터 지방이더라도 그리 멀지 않은 충청권 내 천안 혹은 청주 정도를 생각해 왔었는데, 연속 4회의 패찰에 바로 다른 지역으로 방향을 틀었습니다.

그러던 중 청주 중심가에서는 조금 떨어져 있지만, 주변 공단과 농공단지 등이 형성되어 있는 위치의 방 3개짜리 아파트 7층을 입찰하기로 했습니다. 시세 조사를 해보니 현재 전세가가 매매가와 약 1천만 원 차이밖에 나지 않았고, 매각을 위해 매물로 나온 물건은 많지만 전세와 월세는 귀한 아파트 단지의 물건이었습니다. 직접 가보니 단지 내에 초등학생과 중학생 아이들이 많이 돌아다녔고 건물 상태 또한 좋았습니다. 특이했던 것은 체납된 관리비가 약 60만 원가량 있었는데, 우편물 함에 쌓인 관리비 명세서를 보니 수도사용이 약 6개월 전부터 0으로 표기된 점이었습니다. 문에도 법원, 채권 보험사 등이 다녀간 흔적이 덕지덕지 붙어 있어 빈집이 아닐까 하는 의문이 들었습니다.

"여기 빈집 아닐까? 수도 사용료가 4월부터 0이라는데?"

"혹시 모르지. 옆집에 문 두드리고 여쭤봐야 하나. 일단 전입세대 열람부터 해 보자."

끝까지 앞집 문을 두드려 보지는 못했지만 빈집으로 추측하면서 아파트 단지를 둘러보는데 어찌나 마음이 쿵쾅거리던지, 누군가 우리를 지켜보고 있는 것은 아닌가 싶기까지 하더군요. 같은 아파트 건물로 들어오는 한 사람 한 사람을 마주칠 때마다 무섭기도 했습니다. 전입세대 열람 상으로는 아무도 살지 않는 집이었습니다. 아파트 외관은 깨끗했고 단지 근방은 활기차 보여 이 정도면 가족 대상으로 세를 놓기에 괜찮겠다는 생각이 들어 입찰을 결심했습니다.

함께 입찰할 다른 집은 오랫동안 청주의 중심이었던 서원구에 있는 30년 된 5층짜리 아파트의 5층이었습니다. 연식이 오래된 것이 마음에 걸리긴 했지만, 관리가 잘 되어 있어 천장과 벽면에 크게 누수 혹은 결로의 흔적이 보이지는 않았습니다. 임대용으로 수리해 놓으면 괜찮겠다는 생각에 입찰하기로 했습니다. 이 집은 토지별도등기가 있어 입찰 경쟁률 자체가 낮을 것이라 예상했고, 어렵지 않게 최저가에서 270만 원 정도만 높여 입찰가를 결정했습니다.

드디어 매각기일! 이전 입찰 때 남편과 법원에 함께 가서 입찰 방법을 알려준 후였기 때문에 이번에는 남편이 대리입찰을 하기로 했습니다. 연이은 패찰 이후 첫 지방행이라, 낙찰받고 싶은 마음이 그 어느 때보다도 강했습니다. 오래된 빌라들만 보다가 반짝반짝한 아파트 로열층을 본 탓일까요, 임장 때 봤던 그 집이 꼭 내 집이 되었으면 하는 바람이 간절했습니다. 그래서인지 야금야금 입찰가를 높였는데, 정작 입찰 전날 투자 멘토인 김코치와 마지막 점검을 하면서 내가 생각한 입찰가가 다소 높은 수준임을 깨달았습니다. 당일 아침 KB시세를 다시 한 번 확인하면서 냉정하게 판단해 보려고 노력했습니다.

'아…, KB시세와 내 입찰가가 1천만 원도 채 차이가 안 나네. 요즘 대출도 꽁꽁 묶여서 어려울 수도 있다는데, 또 수리비도 고려하면 이 가격을 써도 정말 괜찮은 걸까? 너무 비싸게 받는 것 같아. 그래, 이제껏 해 왔던 것처럼 수익 실현을 위한 입찰가를 쓰자. 만약 낙찰 못 받는다면 내 집이 아닌 거야.'

생각했던 입찰가보다 420만 원 정도 낮춘 후, 남편에게 연락했습니다. 인천 법원보다는 덜 붐빈다며 살짝 안도했던 남편은 주변에 신경 쓰여 혹에라도 실수할까 봐 화장실까지 들어가서 혼자 모든 서류를 작성했다고 합니다. 점심시간 후, 마침내 남편의 전화가 왔습니다.

"여보! 낙찰이야, 두 개 다 낙찰받았어!"

"뭐? 낙찰이라고? 그것도 두 건 다?"

그 순간 기분은 뭐라고 설명할 수가 없습니다. 심지어 최저가에 입찰했던 토지별도등기 건은 단독입찰이라니! 놀랍게도 꼭 내 것으로 만들고 싶었던 그 아파트에는 7명이 입찰했는데, 2등과는 채 200만 원도 차이 나지 않았습니다. 지금까지도 남편은 낙찰자를 발표하던 순간 같은 물건에 입찰했던 2등 입찰자의 표정이 눈에 선하다고 합니다.

두려웠던 명도, 직접 경험한 후 오히려 자신감을 얻다

지방까지 간 김에 남편은 필요한 일들을 되는 만큼 처리하고 오겠다며 낙찰받은 두 집에 들러 연락처를 남기고 다시 법원 경매계로 가서 사건기록 열람까지 하고 왔습니다. 두 집 모두 소유자가 점유자였는데, 낙찰자의 특권으로 사건기록 열람을 통해 그들의 연락처를 알아내고 사건의 경위까지 파악할 수 있었습니다.

경매를 떠올리면 가장 두렵게 느껴졌던 것이 바로 명도였습니다. 하지만 우리의 첫 낙찰 건은 명도가 꽤 수월한 편이어서 자신감이 붙기까지 했습니다. 한 건은 짐작대로 몇 달간 빈집이었는데 전 소유자와 연락과 체납된 관리비 정산까지 원활하게 해결되었습니다. 점유자에게 연락하는 과정조차 처음이기에 큰 두려움이 앞섰고 긴장도 많이 했으나 결과적으로는 걱정했던 것보다 수월하게 풀렸습니다. 대출 또한 무주택자인 것이 큰 이점으로 작용해 예상했던 것보다 큰 금액을 레버리지로 사용할 수 있었습니다. 앞으로 경매를 계속하게 되면 난이도 높은 명도도 맞닥뜨리겠지만 첫 물건 세팅이 원활하게 진행되어 느끼는 안도감과 자신감은 투자 전 느꼈던 막연한 두려움을 없애는 데 충분했습니다. 결과적으로 꾸준히 경매를 통해 부동산을 매입하고 임대를 통해 현금 흐름을 창출해야겠다는 막연했던 생각이 더 확고해지는 계기가 되었습니다.

급여 이외의 소득을 만들어라, 뜻이 있는 데 길이 있다

소비를 통제해 최소한의 투자금을 모으는 과정, 간발의 차이로 여러 차례 패찰에도 계속해서 도전하기란 솔직히 쉽지 않았습니다. 끈기와 의지력이 따르는 길이었고 그때마다 스트레스도 상당했습니다. 첫 투자라 그런지 지금 와서 생각해 보면 별 것 아니었던 것도 그 당시에는 큰 고단함과 어려움으로 다가왔습니다. 함께하는 남편이 없었다면 과연 혼자 할 수 있었을까 돌아보며 새삼 느낍니다.

초보 투자자로서 좌충우돌 문제를 해결하면서 비록 진부하나 '뜻이 있는 곳에 길이 있다'는 것을 깨달았습니다. 부자가 되어야겠다고 강하게 마음을 먹고 부자가 될 수 있다고 믿은지 얼마 되지 않아 저는 부동산 투자의 세계에 발을 들여놨습니다. 그리고 앞으로도 꾸준히 저축과 투자를 통해 소득과 자산을 불려 나가 부자가 될 것입니다. 두 건의 물건 세팅이 마무리 되어가는 이 시점, 저와 남편은 다음 매입할 부동산을 고민하며 임대사업자로서의 방향을 고민하고 있습니다.

대부분 사람은 자신이 만들 수 있는 소득에 한계를 짓습니다. 많은 사람이 급여 이외의 소득을 만드는 것이 힘들다고 생각합니다. 그래서인지 연봉 상승이나 승진에 큰 의미를 두고 이를 위해 자신의 시간과 노동력, 감정 등을 소비합니다. 하지만 제가 부동산 투자의 첫걸음을 떼며 느낀 것은 '다른 방법으로도 급여만큼, 혹은 그 이상의 소득을 확보할 수 있는 길이 있다'라는 점입니다. 이렇게 구축한 부동산 임대 시스템이 나를 배신하지 않고 꾸준히 나 대신 돈을 벌어다 준다면? 충분히 노력해 볼 만한 가치가 있지 않을까요. 2018년 한 해, 우리 부부가 경매로 획득한 두 채의 부동산은 그 자체로 희망이었습니다. 그로 인한 임대 소득은 아직 급여의 10분의 1 수준으로 미미하지만, 1년 후 우리의 자산과 소득이 어떻게 바뀌어 있을지 기대됩니다.

3년 후, 5년 후, 그리고 10년 이상의 미래에 대해 걱정보다 희망을 준 부동산 경매 투자, 당신도 할 수 있습니다!

엑셀시오르excelsior!

하루 먼저 출발하면 열 발 멀리 갈 수 있다

투자 실전기 (2)
하실카 님의 이야기

●●● "하실카 님, 무슨 일을 하세요?"

첫 수업에서 항상 물어보는 것이지만, 하실카 님은 왠지 전문직이거나 높은 직책을 맡은 것처럼 보였다. 누가 봐도 잘나가는 커리어우먼 이미지였는데, 역시나 어느 회사에서 높은 직책을 맡고 있었다. 그러자 또 하나 궁금한 점이 생겼다.

"경매를 왜 하세요?"

사람들이 경매에 뛰어드는 이유는 매우 다양하다. 하지만 결론은 '지금보다 더 많은 돈을 벌기 위해서'다. 그런 면에서 하실카 님은 이전부터 여러 부동산 투자를 통해 경제적인 자유를 얻으려 노력해온 경우였다.

이미 높은 연봉을 받고 있음에도 그토록 열심히 투자해온 이유는 무엇일까? 사실 나는 그 이유를 지금부터 소개할 하실카 님의 글을 통해 비로소 알았다.

처음에 하실카 님은 책에 본인의 글을 싣는 것을 반대했는데, 아마 지난 과거를 공개하는 것이 어색하고 쑥스러웠기 때문이리라. 아니면 힘들었던 과거를 보이는 것이 꺼려졌을지도 모른다. 그러나 어려운 상황에서도 부자를 꿈꾸는 독자들에게 큰 자극이 될 수 있으리란 생각이 들었고, 설득 끝에 이 책을 통해 소중한 이야기를 공유하게 되었다.

악착같이 종잣돈을 모으고 투자하여 바라던 삶에 가까워졌음에도 하실카 님은 여전히 직장생활을 하며, 투자에 목말라 한다. 이미 40대 후반의 나이지만 노후 준비는 아직 멀었다며 적극적으로 투자자의 길을 가고 있다. '부자가 되겠다'라는 열정은 20~30대에 비해도 뒤지지 않는다.

마음만 먹으면 불가능은 없다고들 말한다. 여기서 '마음'은 단순한 생각이나 작심삼일 결심이 아니다. 마음이라 쓰고 '강력한 의지'라고 읽어야 옳다. 누구에게도, 어떤 상황에서도 흔들리지 않는 강한 의지! 이런 의지 없이 하루아침에 인생이 바뀌기를 원한다면, 하실카 님의 이야기에서 교훈을 얻기를 바란다.

앞서 뚜렷한 목표가 있어야 중도에 포기하지 않고 전진할 수 있다고 말했었다. 하실카 님의 목표는 '내 아이들에게만큼은 가난을 물려주지 않겠다, 나는 힘들고 어렵게 자랐지만 그러한 고통은 나로 끝내겠다'라는 것이었다. 이것이 강력한 목표이자 의지였고 투자에 성공한 동기가 되었다.

당신의 목적은 무엇인가? 돈을 버는 목적은 매우 중요하다.

'왜 돈을 벌고 싶고, 왜 부자가 되려 하는가? 어떤 미래를 소망하는가?'

하실카 님의 이야기를 읽으며, 위의 질문에 대해 생각해 보길 바란다.

✉ 휩쓸리지 않고, 흔들리지 않고 선택한 길을 가라

어린 시절 우리 가족은 무척 가난했습니다. 충북 진천에서 농사를 짓던 부모님은 아이들을 키울 생각에 서울로 상경하셨습니다. 아버지는 리어카에 생선을 담아다 장사를 하셨는데, 더위와 추위, 장마 등으로 인해 일 년 중 장사할 수 있는 날은 6개월이 채 안 되었습니다. 어머니는 3교대로 공장에 다니시며, 저녁에 일을 나갔다가 새벽에 들어와 고단한 몸을 누이셨죠. 아버지마저 저녁 장사를 하러 가시면 저는 석유 곤로에 밥을 짓고 설거지를 했습니다.

어렵게 고등학교를 졸업하고 회사에 입사했지만 우리는 여전히 가난했습니다. 그때까지도 전세와 월세를 전전하면서 어렵게 살았으니까요. 그러던 중 엄마의 퇴직금에 대출을 약간 보태 신림 난곡동의 15평짜리 반지하 빌라를 장만했습니다. 그것이 처음으로 가져본 우리 집이었습니다. 안집 딸의 횡포에 시달리지 않아도 되고, 안집에서 물건이 없어졌다고 의심받을 일도 없는 우리 집.

그렇게 경제적으로 너무나도 어려웠던 어린 시절을 지나, 직장을 다니며 남편과 결혼했습니다. 직장생활을 한 후로는 나 자신을 꾸미는 데 급여 대부분을 쓰던 철없는 시기도 잠깐 있었으나, 결혼과 동시에 정신이 번쩍 들었습니다. 제가 물려받았던 가난을 아이들에게는 전해주고 싶지 않았기 때문입니다.

당시 젊은 층의 라이프스타일은 '집은 없어도 차는 산다'라는 것이었습니다. 제 친구들 또한 집을 사느라 허리띠를 졸라맬 바에야 이왕이면 새 아파트에 전세살이하며, 유행하는 자동차를 타고 주말마다 좋은 곳을 다니며 백화점 브랜드 옷을 입기를 선택했죠. 그러나 저는 내 집 한 칸 없이 전세살이를 하며 살고 싶은 마음이 전혀 없었습니다. 내 아이들에게는 어린 시절 내가 겪은 셋방살이 설움을 경험하지 않게 하겠다는 일념으로, 아이가 태어나기 전에 집을 사겠다고 마음먹었습니다.

우리의 첫 신혼집은 마포구 합정동에 있는 5천만 원짜리 빌라 전세였습니다. 아이가 태어나기 전에 경기도 인덕원의 30평대 아파트를 사려면 1억 원의 돈이 더 필요했습니다. 전세금 5천만 원이 전부인 우리가 집을 살 만큼의 돈을 모으려면 매달 200만~300만 원 이상 모아야 할 터. 제 수입으로만 생활하고 남편 수입은 모두 저축하기로 했습니다. 아이가 태어나면 지출이 더 늘어날 수밖에 없으므로, 저축을 최대치로 할 수 있는 시기는 그때뿐이라고 판단하고 악착같이 모으기에 돌입했습니다.

하지만 일주일에 두세 번씩 모임을 나가던 남편은 용돈을 확 줄이는 저의 정책에 심하게 반대했습니다. 싸우고 또 달래기를 반복하며, 남편 못지않게 저 또한 힘겨운 절약을 해야만 했습니다. 전처럼 좋은 옷을 사지도 못하고 헤어숍에 자주 다니지도 못해서 생머리를 항상 기르고 다녔습니다. 그렇게 3년을 보내자 자연스럽게 통장에 돈이 모이기 시작했습니다. 참 신기하게도 그 좋아하던 옷이나 구두를 사지 않아도, 그저 통장에 숫자가 늘어나는 것만 봐도 기분이 좋고 배가 불렀어요. 아마도 꿈에 가까워지고 있다는 생각 때문이었을 겁니다. 그렇게 1999년, 큰아이가 태어나고 얼마 지나지 않아 인덕원의 신축 아파트를 샀고 이후 인덕원에서 멀지 않은 과천으로 이사를 했습니다. 퇴직금 중간 정산부터 주택담보대출과 회사의 각종 대출제도까지 사용하여 5억 3천만 원에 과천 집을 샀는데, 그 집은 현재 13~15억 원을 호가합니다.

우리는 그렇게 순수하게 우리 부부의 힘으로, 친구들 사이에서 가장 이른 시기에 가장 큰 금액의 집을 샀습니다. 빚으로 집을 샀기 때문에 다시 온 가족이 초절약 정신으로 살아야 했지만, 작년에 입던 셔츠를 더 입고 철 지난 구두면 어떤가요? 차근차근 갚아나가며, 저녁이면 남편과 맥주 한 잔에 서로를 격려하며 즐거웠던 기억이 아직도 새록새록 합니다.

"여보! 이제 우리 강남 가는 일만 남았나?"

당시에는 과천에 집을 사면 그다음 코스가 강남이라는 말이 있었습니다. 과천 집을 팔면 강남 웬만한 데에 충분히 집을 살 수 있었던 시절이었죠. 사실은 전세를 끼고 산 집이라 여전히 인덕원에 살고 있었지만 그럼에도 곧 과천 집으로 이사를 하고, 언젠가는 강남으로도 이사 가리라는 생각이 우리에게 힘을 주었습니다.

많은 젊은 세대가 이제는 집을 살 수 없는 시대라 생각하고 포기하는 모습을 봅니다. 이런 현실이 욜로족이니 캥거루족이니 소확행이니, 예전에는 찾아볼 수 없는 단어들을 만들어내는 듯합니다. 그러나 저의 젊은 시절도 실은 크게 다르지 않았습니다. 당시도 집값은 비쌌고, 저 또한 전세 끼고 집을 사며 이런저런 대출을 받는 등 온갖 방법을 동원해 빚으로 집을 샀습니다. 궁핍하기까지 한 생활을 버텨가며 그 돈을 갚으면서도 집값이 이렇게까지 오르리라고는 생각하지 못했었습니다.

제가 가지고 있는 철칙이 있습니다.

'넘쳐나는 정보 사이에서 무엇을 취할 것인가, 그리고 그것을 얼마나 빨리 실천에 옮길 것인가가 가장 중요하다.'

부동산 투자에 대해 확신이 있다면, 정보를 취합하고 선택하고 행동해야 합니다. 주변에서 온갖 부정적인 이야기를 늘어놓을지도 모릅니다. 부동산에 투자하느니 자신의 행복에 투자하는 것이 낫다고 할 지도요. 그러나 신혼 시절 내가 친구들과 같은 패턴으로 살았더라면, 저는 아직도 내 집 한 채 없이 전세를 전전하고 있을지도 모릅니다.

제게 있어 좋은 옷, 좋은 차는 내 집 마련 다음의 순위였습니다. 그 덕분에 지금은 친구들의 부러움을 사고 있습니다. 이 글을 읽는 분들 또한 명확한 가치 기준이 있다면, 조금의 희생은 감수할 용기가 생길 것입니다.

은퇴까지 생각한다면 : 평생 가는 수입원을 만들어야 하는 이유

어느덧 나이 쉰이 코앞에 다가왔습니다. 이 나이가 되면 인생에서 책임져야 할 부분이 다시 늘어납니다. 부모님의 부양이 바로 그것입니다. 파킨슨병을 앓고 계신 친정엄마의 요양병원을 알아보면서, 집 근처에 모시기 위해서는 월 250만 원 이상이 필요하다는 사실에 저는 망연자실했습니다. 그렇게 큰돈을 매달 사용할 만한 재력은 제게 없으니까요. 이후 수도권의 요양병원을 모두 알아보다가 다행히 일산의 한 요양병원에 입원할 수 있게 됐습니다. 산정 특례대상자라서 기본 입원비는 월 70만 원, 치료비 추가가 있었지만 시설도 깨끗하고 만족스러웠습니다.

이 과정에서 절실히 깨달았습니다. 가난한 사람은 아프면 안 되는 것을요. 자식들이 들여다보지 않는 것도 문제겠지만, 그것보다 더 큰 것은 비용 문제입니다. 이로 인해 저는 요양병원을 건립하고 싶다는 꿈을 꾸게 되었습니다.

그러나 거창한 꿈에 앞서 당장 중요한 문제는 병원비 문제였습니다. 회사의 단체보장보험은 만 70세 이상이면 보장받을 수 없습니다. 곧 엄마의 병원비는 오롯이 제 몫이 될 것입니다. 회사를 계속 다니기도 어려울 것이기에, 저는 지금부터라도 은퇴 준비를 해야겠다고 생각하게 되었습니다.

마흔 후반, 혈혈단신 부동산 경매를 시작하다

내 집을 마련하기 위해 노력하다 보니 자연스럽게 부동산에 관심을 가지게 되었고, 30대 때부터 '부동산을 통해 부자가 될 수 있지 않을까'라고 막연하게 생각해 왔던 터입니다. 이런저런 부동산 관련 정보를 찾다가 유튜브에서 경매를 접하게 되었습니다. 그 순간 '이거다!'라는 생각에 눈이 번쩍 뜨였습니다.

그날부터 무료 인터넷 강의를 통해서 경매 절차를 대략 배우고, 유튜브에 올라와 있는 부동산 경매 강의를 듣기 시작했습니다. 출퇴근할 때도 유튜브 강의를 듣고 또 들었습니다.

'3년이면 월 1천만 원을 세팅할 수 있다고?'

그렇게 혼자 입찰 연습을 하고 1개월간 스피드옥션을 무료로 사용하기도 하면서 하루에도 몇 번씩 네이버 부동산을 드나들며 시세를 검색했습니다. 그렇게 1개월 정도가 지나자 눈에 들어오는 물건이 하나 있었습니다. 일산의 한 아파트였습니다.

그렇게 무작정 난생처음 임장이란 것에 도전했습니다. 직접 찾아간 아파트는 5층짜리로 A동부터 E동부터 나열된 자그마하고 낡은 아파트였습니다. 경매 책이라고는 딱 한 권 읽은 것이 전부, 솔직히 말해서 무엇을 해야 하는지도 감이 잡히지 않았습니다. 다만 책 속 조언에 따라 외벽 등이나 주변 환경 등을 살펴보았는데, 집 내부 구조는 볼 수 없어 아쉬웠습니다. 가까운 부동산중개업소는 주말이라 문이 닫혀있었습니다. 그때 혹시 집을 보러왔냐며 지나가던 동네 아주머니가 말을 걸어왔습니다.

"이곳으로 이사 오려는데 주말에 왔더니, 문이 닫혀있어서 어떻게 해야 하나 싶어요."

이렇게 답하자 "그럼 전화를 해보겠어요? 아니면 여기는 평형대가 같으니까 우리 집을 한번 볼래요?"라고 하시는 것이었습니다. 구세주 같았던 그분의 도움으로 집의 내부를 확인했습니다. 전용면적 11.7평 정도의 아파트로 작지만 알찬 구조의 소형아파트였습니다. 그러나 입찰하는 아파트는 E동이고 이 집은 B동이므로 정면 돌파하기로 했습니다.

"사실은 E동의 아파트가 경매로 나와서 입찰해보려고 임장 왔어요. 혹시 그 집에 대해서 아시나요? 그 집도 리모델링이 되어있을까요?"

"아! 그 집이요? 알아요. 그 집은 리모델링이 싹 되어있어요. 그쪽 아파트는 현재 시세가 최고 7천이 넘는데, 특히 E동은 앞쪽이 탁 트여서 다른 집들보다 가격이 좀 높아요. 우리도 입찰할까 하는데 아마 6천 이상은 적어야 낙찰될 수 있을 거예요!"

이날의 경험은 임장에 대한 두려움을 크게 덜어주었고 솔직하게 정면 돌파하는 용기를 길러주었습니다. 세상일은 안 해보고서는 모르는 것임을 실감했죠. 여담이지만, 그 집은 아주머니가 일러준 대로 6천만 원 초반대에 입찰했다가 떨어졌습니다. 낙찰받은 분은 실거주를 목적으로 입찰한 것으로 보였는데, 낙찰가가 6천만 원 후반대면 좀 많다는 생각이 들었으나 본인이 거주할 것이라면 괜찮으리란 생각도 들었습니다.

낙찰받는 데는 실패했으나, 이 같은 경험은 실망감보다는 흥분을 안겨줬습니다. 혼자 공부하여 경매 투자에 한 걸음 내디뎠다는 데 자신감이 붙었습니다.

시작이 반, 일단 시작하면 도전은 어렵지 않다

그 후로도 몇 군데 임장을 다녀보고, 유튜브를 통해서 강의도 듣고 여러 부동산 카페에 가입해 정보를 얻었습니다. 김코치와도 일대일 코칭 프로그램으로 인연을 맺게 되었습니다. 총 5주에 걸친 수업의 2주 차, 마침 대전의 한 아파트가 눈에 띄었습니다.

검색을 통해 재건축승인이 난 아파트라는 것을 쉽게 확인할 수 있었습니다. 전용면적 14.2평, 감정가 1억 900만 원, 1회 유찰에 최저가 7천 630만 원이었습니다.

인근 부동산에 연락하자 여러 가지 정보를 얻을 수 있었습니다. 역시나 재건축 대상 아파트이며 '코오롱 하늘채 아파트'가 지어질 가능성이 크다고 합니다. 더불어 아파트에 대한 문의가 요즘 부쩍 많이 늘어났다는 이야기도 들었습니다. 입찰을 결심하고 며칠 후 부동산 대표로부터 연락이 왔는데, 급매로 9800만 원에 같은 평수의 아파트가 나왔다는 것이었습니다. 시세보다 훨씬 저렴한 격에 계약금을 입금하고, 그렇게 재건축아파트 1채를 계약했습니다.

드디어 입찰일, 기차를 타고 대전으로 가서 김코치와 상의한 대로 1억 원 이상의 금액을 썼습니다. 아침부터 서두르느라 아무것도 먹지 못하고 입찰하다 보니, 기다리는 시간 동안 정말이지 혼이 나가버리는 것 같았습니다.

간신히 정신을 차리고 순서를 기다리는데, 드디어 제가 응찰한 사건이었습니다.

"2017타경 ○○○○○, 낙찰자 하실카!"

낙찰자로 이름이 불릴 때 느낌은 말로 표현할 수가 없습니다. 갑자기 머리가 맑아지고 기운이 넘쳐나는 듯했습니다. 총 6명이 입찰했는데, 제가 쓴 낙찰가는 1억 99만 원이었고, 2등은 9350만 원을 썼습니다. 700만 원 차이로 낙찰받은 것입니다. 이때는 차익이 크지 않더라도 꼭 낙찰받아서 다음 절차를 진행해 보고 싶은 마음이었습니다. 지난 입찰 때 아쉬웠던 것은 패찰을 하다 보니 그다음 경매 절차를 겪을 수 없던 것이었죠. 이번에는 무조건 낙찰되어서 명도도 해보고 세입자도 들이고 싶었습니다. 그래서 2등과의 격차가 얼마가 됐든 중요하지 않았습니다. 김코치가 700만 원 차이면 괜찮게 받았다면서 그것보다 더 많은 돈을 앞으로 벌 수 있으리라 격려해주었습니다.

"낙찰받았으니 오늘 하루만이라도 즐기세요, 앞으로의 걱정은 내일부터 하세요. 파티도 하시고, 오늘 하루는 행복하게 보내세요!"

그 말이 무슨 뜻인지는 며칠 지나지 않아서 알게 됐습니다. 처음부터 하필이면 쉽지 않은 명도가 제게 왔던 것입니다.

명도, 조급할 필요가 없다

'낙찰받기 전에는 절대로 알 수 없는 명도를 이제야 경험하는구나.'

처음에는 설렘이 가득했습니다. 그런데 그 집에 사는 사람점유자과 연락이 닿지 않았습니다. 하는 수 없이 급매 물건을 살 때 알게 된 공인

중개사에게 부탁하여 낙찰받은 집 문 앞에 메시지를 붙여달라고 부탁했습니다. 집을 찾아갔을 때는 초인종을 누를 용기도 없던 터라, 이게 최선이라고 판단했던 것입니다.

메모의 내용은 간단했습니다. 낙찰자 이름, 전화번호, 그리고 이 집에 대해서 서로 좋은 방향으로 협의하기를 바란다는 말이었습니다.

이에 점유자의 오빠가 전화를 걸어와 월세로 계약하겠다고 말했지만, 점유자 본인과는 통화하지 못해 대전까지 내려갔습니다. 그러나 결국 만나지 못하고 장황한 편지만 붙이고 왔습니다. 편지를 본 후 어찌어찌 통화하게 되었는데 그때가 6월 말쯤이었습니다.

"7월 청약 결과를 확인한 후에 9월 말 입주 예정이니 그때까지 그냥 살게 해주세요. 7월에 당첨되지 않으면, 8월에 이사 준비를 할게요."

이 말을 듣는 순간 갈등이 시작됐습니다. 그러는 사이 시간은 흘러가고, 점유자가 무상으로 거주하는 동안 이자를 고스란히 부담하게 생겼습니다. 시작하자마자 난관이었죠. 결국, 1차 내용증명을 보냈습니다.

"점유자님의 입장도 충분히 이해하지만, 저 또한 대출받아서 투자하는 입장이니 그 입장을 다 수용할 수는 없습니다. 전에 말했던 대로 월세로 계약하기를 권장합니다."

그럼에도 7월 초까지 연락이 없었고 이후 2차, 3차 내용증명을 보냈습니다. 여러 번 통화하고 대전올 내려가 만나기를 시도했으나 그 또한 쉽지 않았습니다. 어차피 7월 초에 잔금 지급을 완료했으므로 인도명령 신청을 하고 강제집행을 신청한 상태였습니다.

그런데 8월 초, 뜬금없이 아파트 관리실에서 연락이 왔습니다. 갑자기 이사를 갔다며, 미납된 관리비를 정산하라는 것입니다. 두 눈으로 확인을 하기 위해 저는 대전으로 내려갔습니다. 그런데 이건 또 무슨 일인가요? 집은 30년이 넘는 동안 수리 한 번 안 하고 살았던 집 같았습니다. 어떻게 사람이 살았을까 싶을 정도로 낡은 데다, 더 큰 문제는 이사 가면서 두고 간 짐이었습니다.

법적으로 내 명의라 해도, 그 집에 있는 점유자의 물건을 임의대로 처리할 수는 없는 노릇입니다. 만일 그럴 경우 차후 점유자가 그 집에 있었던 짐을 돌려달라고 소송을 걸어오면 꼼짝없이 손해배상을 해줘야 할 수도 있으니까요. 경매에 입문한 지 얼마 되지 않아, 처음 당해보는 여러 가지 상황들로 저는 이미 지치고 있었습니다.

제가 어떻게 해야 할지 갈피를 못 잡고 흔들릴 때마다 김코치가 하는 말이 있습니다.

"하실카 님! 괜찮아요. 경매하다 보면 진짜 별일 많아요. 이번 문제도 평타예요. 마음을 편안하게 먹으세요. 어차피 시간이 다 해결해 줍니다."

결국, 인테리어를 마치고 8월 말에야 월세 계약을 하게 되었습니다. 낙찰부터 계약까지 약 4~5개월의 시간이 걸린 셈입니다. 표면적으로 보면 다른 낙찰받은 분들에 비해 긴 시간이 걸린 것입니다. 그러나 이 경험을 통해 '경매라는 것은 각 절차가 있으므로 절차를 밟다 보면 하나씩 하나씩 문제가 풀리게 된다'라는 것을 알게 되었습니다. 다만 처음 겪는 일에 겁을 먹었던 것뿐.

요즘은 부동산 관련 카페에 저와 비슷한 상황에 처한 사람이 고민을 토로하면 이렇게 답글을 달곤 합니다.

"별일 아니에요. 그냥 절차대로만 하시면 됩니다. 다만 해결되는 동안 조금은 기다려야 할 때가 있을 뿐입니다. 너무 조급해하지 말고, 이 또한 다 해결될 것이라 생각하고, 감정보다는 이성으로 생각하는 것이 좋습니다."

시작하는 사람은 많다, 그러나 끝까지 가는 사람은 드물다

처음 부동산 투자에 눈 뜬 것은 그저 내 아이들에게 집 없는 설움을 주고 싶지 않은 마음 때문이었습니다. 그러나 지금 제게는 더 많이 벌어야 하는 명확한 이유가 있습니다. 첫째는 내 가족들이 더 자유롭고 편안한 삶을 누리게 하기 위해서이며, 둘째는 가난한 사람도 요양병원에서 돈 걱정 안 하고 진료받을 수 있는 환경을 만들고 싶다는 큰 꿈 때문입니다.

현실적으로 이뤄질 수 있는 꿈일지 아닐지는 모릅니다. 그러나 일단 시작했으니 한 발짝씩 전진하며 끝까지 나아가 보고 싶습니다.

제가 좋아하는 말이 또 있습니다.

'노력한다고 모두 성공하는 것은 아니지만 성공한 사람들은 모두 노력한 사람들이다.'

김코치는 이렇게 말하곤 합니다.

"경매를 시작한 사람은 많아요. 하지만 끝까지 가는 사람은 드물어요. 하실카 님, 끝까지 해보자고요. 할 수 있어요."

남들은 꿈을 이루기에 늦은 나이라고 하지만, 전 지금도 꿈을 꿉니다. 그리고 그 꿈을 위해 한 발 한 발 내디디고 있습니다.

진심으로 무엇을 바란다면, 지금 결정해야 합니다. 무엇을 하고 싶으며, 그것을 이루기 위해 무엇부터 실천해야 할 것인지를. 그렇게 실천할 수 있는 일들을 하나씩 하다 보면 자신에게 맞는 방법을 찾을 수 있습니다. 경제적인 자유를 누리고 싶다면, 누구와의 비교를 그만두고 스스로 되고 싶은 것에 집중했으면 좋겠습니다.

서른 살 직장인, 부동산 경매 투자에 빠지다

투자 실전기 (3)
사장님 님의 이야기

●● 사장님 님은 이제 막 서른을 넘긴 청년이다. 원래 닉네임은 사장님이 아니라 당직자였는데, 그도 그럴 것이 매일 당직을 섰고 주말에도 어디냐고 물어보면 당직이라고 대답했기 때문이다. 언젠가는 직원이 아닌 사장이 되겠다는 꿈을 품고, 나와 함께 경매 공부를 시작했다.

어느 날 수업 중에 이런 이야기를 나누었다.

"지금까지 일하면서 모은 돈이 1500만 원밖에 없는데 투자가 가능할까요?"

"그럼요. 그 돈 가지고 할 수 있는 게 얼마나 많은데요. 몰라서 투자를 못 하는 거죠. 그리고 투자란 건 알게 되었을 때부터 바로 시작해야 해요. 돈이 없다고 안 하면 나중에도 못 해요. 그리고 언제 또 돈을 모아서 투자해요? 돈을 모을 때쯤이면 부동산 가격은 더 올라가 있어요. 사장님 님은 이제 30살이니 지금부터 시작해도 충분히 할 수 있어요. 오히려 남들보다 빠르니 괜찮아요! 지금 수업 듣는 분 중에 30대 후반~40대도 많아요. 중간에 포기만 안 하면 돼요."

매주 일요일 아침 10시에 만나 수업을 했는데, 전날 당직과 업무로 인해 피곤해 보였지만 주어진 과제와 복습도 다 해왔다. 매일 저녁 늦게까지 일하고 평일 주말할 것 없이 임장을 다니다 보면 지치지 않을까 걱정도 했다. 그러나 기우에 불과했다. 어떻게든 하고자 하는 열정 앞에서 방해되는 것들은 단지 하나의 작은 장애물일 뿐이었다.

또한, 패찰을 거듭하면서도 기죽지 않고 계속해서 입찰하러 법원에 갔다. 상담이나 수업을 하다 보면 직장인이라 법원에 다니기가 힘들다며 그것부터 문제라는 사람이 많다. 그러나 변명에 불과하다. 부자로 성공하는 사람들은 핑계를 찾는 게 아니라 방법을 찾을 뿐이다. 어떤 일이든 문제는 생길 수밖에 없다. 문제를 해결하면 진보하고, 문제를 핑계 삼아 멈춰버리면 퇴보하는 것이다.

사장님 님은 항상 방법을 찾으려고 노력했으며, 누구보다 성실했다. 결국 몇 차례 입찰 끝에 낙찰을 받았다. 이후 명도 과정에서 소유자와 연락이 안 되는 등 약간의 어려움을 겪었으나 어떻게든 방법을 찾아 명도를 잘 진행했다. 인테리어를 진행하면서도 다른 사람들보다 많이 고생했으나, 그것 또한 하나의 과정일 뿐이었다.

서른 살에 적은 돈으로 투자를 시작한 사장님 님의 모습에 비춰보며, 독자 여러분이 자신의 상황을 돌아보는 계기가 되었으면 좋겠다. 스스로에게 다음의 질문을 던져보자.

'나는 현재 핑계를 찾으려는 것은 아닐까? 아니면 방법을 찾고 있긴 한가?'

✉ 부자가 되고 싶다면, 얼마가 됐든 일단 투자를 시작하라

저는 현재 서른 살입니다. 그리고 폭포처럼 쏟아지는 대한민국 수입차 시장의 공식서비스센터에서 테크니션으로 근무하고 있습니다.

이전에 저는 나이팅게일 사상을 가슴에 얹고 종합병원에서 간호사로 일했었습니다. 하지만 병원에서의 직장생활은 녹록지 않았고, 전쟁터 같은 병원에서 제정신으로 일할 수 없을 것 같은 마음에 그만 뛰쳐나오고 말았습니다. 그 후 지금의 일을 위해 대학교도 다시 입학했습니다.

외국계 자동차 회사의 테크니션이라 하면 간혹 부러운 눈길도 받지만 사실 월급을 생각하면 '내가 왜 병원에서 뛰쳐나왔을까?'하고 후회하기도 합니다. 일에 대한 만족도와는 별개로, 지금 받는 월급보다 종합병원 급여가 훨씬 많았기 때문입니다.

그러나 만약 현 직장을 그만둔다면? 저는 또 다른 어디로 던져져 지금보다 더 적은 급여를 받으면서도 열심히 일하고 있을지 모릅니다. 근면성실이 최고의 덕목이라 배우며 자라왔으니까요. 성실하게 사는 만큼 보답받으리란 생각은 여전하지만, 그럼에도 소위 '부자가 될 기회'를 놓친 것이 이제 와 보면 아쉽기만 합니다. 지금으로부터 10년 전 삼성전자의 주가는 주당 40만 원이었습니다 삼성전자의 주식은 2백만 원을 넘겨 액면분할되었다. 스무 살 무렵 주식에 관심이 있었지만, 삼성전자 한 주를 살 만한 여력이 없었고, 또 투자해보겠다는 도전적인 마음도 없었습니다. 만약 10년 전부터 꾸준히 삼성전자에 투자해 왔다면 지금쯤

돈 좀 있는 사람이 되어있지 않았을까 생각해보기도 합니다.

또 다른 기회로 펀드를 비롯한 분산투자 노하우와 관련해 증권사에서 상담을 받은 적도 있고, 근래에는 비트코인도 관심이 있었습니다. 한때 붐이 일었던 것들이지만 당시엔 그게 기회라 생각지 못하고 떠나보냈었습니다. 나는 그때를 후회하고 또 아쉬워합니다. 이처럼 내게 스친 '부자가 될 기회'를 많이 놓친 것 같아 더는 그런 실수를 반복하고 싶지 않은 마음뿐입니다.

느닷없이 시작한 부동산 경매

도대체 저는 어쩌다가 부동산 투자에서 '부자가 될 기회'를 발견한 것일까요? 부동산 경매를 처음 배웠던 시기, 저는 '지금보다 더 나은 삶'이라는 확고한 목표로 여기저기 눈을 돌리던 중이었습니다. 희한하게도 그때, 느닷없이 부동산 경매를 해야겠다는 생각이 들었습니다.

딱 꼬집어 말할 만한 계기는 없었습니다. 그저 전월세를 전전하며 임차인의 설움을 여실히 느껴왔고, 또 빌라 단지 여기저기 붙어있는 '○○평 신축 빌라 실입주금 1천만 원' 등의 광고 문구를 보며 의구심 반 호기심 반을 가지기도 하며 '과연 나도 부동산 투자란 걸 할 수 있을까?' 생각했었습니다. 그러던 중 문득 TV에서 각종 물건을 경매로 처분하는 모습을 봤고, 그때부터 부동산 경매에 대해 알아보기 시작했습니다.

그날 저녁, 퇴근 후 바로 서점으로 향했습니다. 서점에서 처음 집어든 책이 바로 《김코치경매》였습니다. 책을 사고 3일 뒤, 김코치에게 대범하게 메일을 보냈습니다. 그렇게 메일을 주고받고 상담을 하고 강의를 듣기까지, 모든 일이 한 달 만에 이뤄졌습니다.

솔직히 제가 가진 투자금은 1500만 원이 채 되지 않았습니다. 하지만 돈이 없을수록 경매 투자를 해야 한다는 김코치의 말에 바로 입찰이 가능한 물건을 검색했습니다. 대출을 받으면 3천~4천만 원까지 투자할 수 있었습니다.

그렇게 저는 처음으로 부동산 경매 투자에 발을 들였습니다. 낮에는 직장에서 일하고 밤에는 경매 공부와 물건 검색을 하며, 투자할 수 있는 물건을 찾았습니다. 그러던 중 하나의 물건을 낙찰받고 명도, 인테리어 그리고 새로운 계약을 통해 수익을 실현했습니다.

이 모든 일이 이루어지는 데 걸린 시간은 고작 4개월! 처음 1500만 원을 들고 부동산 경매를 시작해 약 4개월 만에 보증금 1천만 원, 월세 25만 원을 받게 되었으니 연수익률로 따지면 48%인 셈입니다. 그렇게 저는 어느새 집주인, 즉 임대인이 되어 있었습니다.

퇴근 후 임장에도 장점이 있다

책을 통해 경매의 냄새를 맡았고, 김코치에게 경매의 기초를 배웠습니다. 그가 추천한 책들을 읽고, 배운 것을 토대로 경매 사이트에서 눈

길이 갔던 부동산들을 정리해 임장을 다니기 시작했는데 30곳이 넘었습니다. 직장인이다 보니 퇴근 후에 임장을 다니는 수밖에 없었습니다. 그런데 참 이상하게도 현장에 가는 날이면 꼭 비가 오거나 날씨가 흐렸습니다. 심지어 비가 억수같이 쏟아지는 밤에도 임장을 다녔습니다.

물론 낮 시간대에 부동산을 보면 가장 좋겠지만, 밤에 임장을 다니면서도 나름 유용한 정보를 얻을 수 있었습니다. 일단 집 주변의 가로등 위치, 밝기, 집 주변의 상황을 낮보다는 확실히 알 수 있다는 장점이 있습니다. 센서등의 이상 유무 등 건물 관리 상태를 확인하기에도 좋았습니다. 또한 핸드폰 플래시로 벽 페인트 들뜸 정도, 불빛에 비치는 계단과 복도 청결도 등을 문제없이 확인할 수 있었습니다. 임장을 다닐 때 무엇을 어떻게 보아야 하는지만 알고 있다면 낮이든 밤이든 구분 없이 충분한 소득이 있을 거라 생각합니다.

또한 비 오는 날에는 옥상 누수 여부, 복도나 계단으로 비가 새는지 여부, 반지하라면 집안으로 비가 들어올 수 있는 구조인지 등을 체크할 수 있습니다. 특히 저는 주로 다세대 빌라를 보고 있었기 때문에 아파트에 비해 체크해야 할 사항들이 많았습니다. 빌라 임장 시에 최우선사항은 채광과 접근성, 주변 인프라인 것 같습니다.

이렇게 경매에 익숙해질수록 부동산을 보는 안목이 생겼습니다. 경매를 공부하기 시작한 이후부터 그전에는 관심 없던 건물들을 눈여겨 보게 되었고, 스스로 부동산에 값을 매겨보는 등 새로운 습관들이 생겼습니다.

임장부터 시세 조사, 집 앞 쓰레기 버리는 위치, 가로등 위치와 밝기 등 정말 사소한 것 하나하나를 조사하며 알아나가는 일이 제겐 새롭고 중요한 경험이었습니다.

첫 입찰은 당연히 꼴찌

그렇게 임장을 열심히 다니며 드디어 입찰할 물건을 정했습니다. 회사에 눈치가 보였지만, 어쩔 수 없죠. 연차를 쓰고 법원으로 향했습니다.
처음 입찰할 때는 그야말로 초긴장 상태였습니다. 물건은 인천 부평구의 반지하 빌라였는데, 200만 원을 더 쓸까 말까 열흘이나 고민하다가 결국 쓰지 않고 입찰했습니다. 결과는 11명 중 꼴등이었습니다. 15년 된 빌라의 반지하 물건이었지만 입지도 좋고 1층 같은 반지하였기 때문에 입찰한 사람이 생각보다 많았습니다. 내 눈에 괜찮아 보인 물건은 다른 사람들 눈에도 좋아 보인다는 지극한 진리를 그때 절감했습니다. 제가 쓴 입찰가는 3600만 원이었고 낙찰가는 5천만 원으로 차이가 컸습니다. 그렇게 굉장한 기대와 굉장한 허탈함을 안은 채 연차 하루를 마감했습니다.
두 번째 입찰할 때는 처음보다 한결 마음이 편안했습니다. 물건은 제가 살고 싶은 환경에 있었습니다. 동네가 조용하고, 집 가까이에 시장이 있었으며 조금만 걸으면 전철역이었습니다. 반지하 빌라였지만, 상대적으로 넓은 평수에 남향으로 채광이 좋아서 입찰하기로 마음먹었습니다. 처음에는 공실 상태인 집을 낙찰받으면 간단히 인테리어만 하고 바로 처분하려 했습니다. 그렇게 최저입찰가에서 2백만 원을 더 올려 입찰하였고 결과는 감정가의 52%로 낙찰되었습니다. 최고가 입찰자로 내 이름이 불린 순간은 아마도 평생 잊지 못할 것입니다.

낙찰을 간절히 바랐지만, 막상 낙찰을 받고 보니 오히려 얼떨떨했습니다. 난생처음 받은 낙찰에 두려운 마음도 들었습니다. '과연 괜찮을까?' 심란한 마음을 뒤로하고 법원 문을 나섰습니다.

명도, 탐정 놀이를 시작하다

문제는 집주인과 연락하는 과정에서 발생했습니다. 낙찰받은 당일 오후 4시에 법원 경매계에서 사건기록부를 확인하였으나 아무리 뒤져도 집주인 연락처를 찾을 수가 없었던 것입니다. 그날 바로 집에 찾아가 연락처만 남기고 돌아왔습니다.

아무리 기다려도 연락이 없어 전전긍긍하고 있는데 불현듯 사건기록부를 확인할 때 집주인과 그 배우자의 주민등록상 소재지가 있었던 것이 생각났습니다. 스마트폰으로 사건기록부를 찍어뒀던 터라 바로 확인해보니 하필 경상북도 울진이었습니다. 잔금 납부와 동시에 인도명령을 신청하더라도 인도명령문은 낙찰받은 집으로 발송되기 때문에, 집주인이 제가 낙찰받은 집에 방문하기 전까지 먼저 연락할 방법이 없었습니다. 진짜 울진까지 가야 하나, 고민하던 차에 천만다행으로 집주인의 배우자 주소가 영종도라는 것을 확인했습니다.

무작정 찾아가기로 하고 퇴근하자마자 부랴부랴 영종도로 향했습니다. 저녁 8시가 다 된 시각, 문 앞에 귀를 가져다 대니 집 안에서 나는 인기척을 느낄 수 있었습니다.

"○○○ 씨 계십니까?"

"무슨 일로 그 사람을 찾습니까?"

그 집에서 나온 사람은 집주인의 배우자는 아니었습니다. 그러나 아예 관련 없는 사람도 아니어서 우여곡절 끝에 연락처를 받고 집주인과 통화하는 데 성공할 수 있었습니다. 사건기록부의 단서를 이용해 무작정 찾아가 생전 모르는 사람과 대면하고, 연락처를 캐내는 등 정말이지 소설 속 탐정이 따로 없었죠. 그래도 일이 하나씩 진행되고 있다는 생각에 저 자신이 대견스럽게 느껴졌습니다.

이후 우여곡절 끝에 명도까지 무사히 완료했습니다.

인테리어, 대충하면 큰코다친다

낙찰받고 명의 이전과 명도까지 완료했으나 집 상태상 그대로 처분하기는 어려웠습니다. 조금이라도 인테리어를 해야겠는 생각에 인근 부동산에서 업체를 소개받아 대략적인 견적을 받고 700만 원에 진행하기로 했습니다. 그런데 문득 욕심이 생겼습니다. 비록 투자용이기는 하지만, 생애 처음으로 가진 내 명의의 집이다 보니 여기저기 손 보고 싶은 데가 한두 곳이 아니었던 거죠. 경매를 배우는 초반에 김코치가 항상 "부동산과 사랑에 빠지지 말라"고 했었는데, 아마도 그때 저는 낙찰받은 집과 사랑에 빠졌던 듯합니다. 결국 인테리어 비용이 1200만 원까지 치솟았습니다.

공사비용을 아끼기 위해 직접 벽지를 뜯어서 곰팡이 방지 방수 퍼티를 바르고, 인터넷에서 구매한 조명을 설치하고, 앞뒤 베란다와 문틀에 페인트칠을 하는 등 제 힘으로 할 수 있는 것은 퇴근 후 한밤중까지 셀프로 했습니다. 낮에는 인테리어 업체가 보다 전문적인 공사를 진행했습니다. 하지만 믿고 맡겼던 공사는 감독하는 사람이 없었던 탓에 완전히 엉망이었습니다. 도배장판은 여기저기 들뜨고 울어 있었고, 마감처리도 제대로 되어 있지 않았습니다. 이대로는 절대 집을 부동산에 내놓을 수 없었습니다. 누가 봐도 터무니없는 공사였습니다. 여자 친구가 보더니 정말 업체에서 한 것이 맞냐고 할 정도였죠.

업체와 약간의 실랑이 끝에 다시 시간을 들여 공사를 진행하기로 했습니다. 그러나 불행히도 비가 오는 날이 많아 인테리어 과정에만 한 달 반을 허비했습니다. 결국 돈은 돈대로 들고 몸은 몸대로 힘든 후회뿐인 인테리어 공사가 되었습니다. 앞으로 인테리어 공사를 할 때는 반드시 공사 현장에 가서 진행 상황을 확인하리라 다짐했습니다.

사실 이 물건을 처리하면서 제겐 명도보다 인테리어 공사가 심한 스트레스였습니다. 직업 특성상 현장 근무가 많아 회사 일도 힘든데, 밤과 주말에는 셀프 인테리어까지 하느라 체력적으로 이만저만 힘든 것이 아니었습니다. 게다가 인테리어 업체와 싸우며, 공사 기간도 생각보다 오래 걸렸습니다. 인테리어 공사에 쏟은 시간과 노력이 경매 과정의 70%를 차지하는 듯합니다. 세상에 쉬운 일은 없다는 말이 딱 맞습니다.

이 책을 읽는 여러분은 인테리어나 리모델링을 할 때 반드시 여러 업체를 알아보고 믿을 수 있는 업체를 선정하기를 바랍니다. 그래야 저처럼 두 번 작업하는 일이 없을 테니까요.

일단 한번 해보는 것이 어떨까요?

한참 경매를 배우고, 이곳저곳 임장을 다니면서 경매에 미쳐있었을 땐 하루가 48시간에 몸이 두 개여도 모자라리라 생각될 만큼 바쁜 나날을 보냈었습니다. 그 결과 저는 5개월 만에 좋은 성과를 낼 수 있었습니다. 여러분도 다르지 않으리라 생각합니다.

부동산 경매에 관심을 가졌다면, 본격적으로 공부를 시작하여 낙찰받고 명도를 진행하고 마지막 계약서를 작성하기까지 경매의 사이클을 경험해보길 추천합니다. 그 과정에서 어떤 일을 겪든 앞으로 살아가는 데 큰 도움이 되리라 확신합니다.

"도전하라"는 말을 들으면 괜히 겁부터 나는 게 사실입니다. 그러므로 나는 이렇게 이야기하고 싶습니다. "그냥 한번 해보라"고. 아직 일어나지 않은 일에 미리 겁먹지 말고 그냥 한번 해보십시오. 물론 난관에 부딪힐 수 있겠지만 충분히 극복 가능할 것입니다. 아마 당신은 기

대보다 훨씬 잘 해낼 것입니다. 어떻게 아느냐고요? 이토록 평범한 저
도 하고 있으니까요. 당신은 저보다 훨씬 더 잘할 수 있을 것입니다!

마흔이 되기 전에, 은퇴를 준비하라

투자 실전기 (4)
세상바라보기 님의 이야기

●● 이제 마흔을 갓 넘긴 세상바라보기 님, 그의 곁에는 항상 든든한 '대표님'이 있다. 남편이 부동산 투자를 위해 1인 법인사업자를 낸 덕분에, 대표는 남편이고 세상바라보기 님은 이사다. 우스갯소리로 나도 사외이사 명함을 하나 파 달라고 말하기도 했다. 이 부부는 두 사람이 '경제적 자유'라는 하나의 목표를 위해 함께 달리는 운명 공동체다.

지금은 누구보다도 부지런히 임장하고 입찰하지만, 나와 처음 만났던 당시에는 경매에 대해 전혀 몰랐다. 그저 '부동산 경매'에 관심을 가지고 강의를 들으러 온 문외한이었다. 그런데 수업을 할수록 세상바라보기 님의 특별한 강점이 드러나기 시작했다. 그것은 바로 배짱! 소위 말하는 '깡' 하나는 정말 최고였다. 수업 2주가 지났을 때 갑자기 "입찰했다"라며 연락을 해왔을 정도다.

나는 아주 무모한 것만 아니라면, 배짱으로 하는 도전은 그 자체로 경험이라고 생각한다. 때로는 실제 좋은 결과로 이어지기도 한다. 행동해야 결과가 나오는 것이다. 그리고 그 결과를 봐야 무엇을 잘했고 못 했는지, 어떤 점을 보완해야 할지 알 수 있다. 백날 생각만 하는 사람치고 부자가 된 사람은 여태껏 본 적이 없다.

이후 다음 입찰까지, 부단히 공부하며 남편과 매각물건을 함께 조사 분석하고 소설도 써가며 상의했다고 한다. 사업자등록에 대해 알아보고 세무사와 상담도 했단다. 매주 수업이 끝나면 부부가 함께 임장을 다니며 물건을 찾아 입찰하고 떨어지고를 반복했고, 그렇게 경매 투자를 시작하여 두 달도 안 되는 기간에 7번이나 패찰했다.

"김코치 님, 진짜 못 해 먹겠어요. 낙찰가가 너무 높아요!", "저 가격에 낙찰받아가면 남는 게 있나요?", "계속 떨어지는데, 그냥 아파트 경매는 하지 말까요?" 떨어질 때마다 나에게 이렇게 하소연했지만, 지금은 어엿한 부동산 투자가로 변신하였다. 중간에 포기하지 않고, 모든 물건을 남편과 같이 임장하여 서로 의논하고 입찰가를 정하는 등 환상의 팀워크가 큰 원동력이 되었다고 본다.

한 번은 세상바라보기 님의 남편에게 이렇게 물었다.

"부부가 함께 경매하니 어떤가요?"

"전에는 집에 같이 있어도 TV만 봤고, 카페에서 차를 마셔도 할 이야기가 별로 없어 각자 핸드폰만 만지다가 왔어요. 요즘은 공통관심사가 생겨 이야깃거리도 많고 서로 의논할 수 있어서 좋습니다."

두 사람은 모든 일을 함께 의논하지만 역할 분담만큼은 확실하다. 세상바라보기 님이 시세 조사와 지역 분석 등을 주도하고, 명도는 남편이 맡아 처리한다. 남편은 현재 직장을 다니면서 투자를 계속하고 있으며,

언제일지 모르지만 은퇴 준비를 하고 있다고 한다.

나는 두 분이 경제적인 자유를 얻어 은퇴하는 그 날이 빨리 오기를 바란다. 평범한 40대의 부부가 함께 그려나가는 그들만의 투자 이야기가 무척이나 기대된다.

✉ 급여 외 소득의 파이프라인을 구축하기 위하여

저는 대한민국의 평범한 40대 주부입니다. '일도 프로답게! 육아도 프로답게!'를 꿈꾸며 "나는 다른 사람과 달라, 나라면 할 수 있어"라고 큰소리쳤었지만, 현실은 슬프게도 제 생각과는 완전히 달랐습니다. 결혼후 얼마 되지 않아 남편의 해외발령으로 저 또한 어쩔 수 없이 회사를 그만두고 인생 계획에 없던 중국이라는 나라로 가게 되었습니다. 그렇게 시작된 경력 단절이 10년간 이어졌습니다. 그 사이 아이를 낳고 아이가 커 가는 모습에 행복감도 느꼈지만, 마음 한편에는 뭔지 모를 불안함과 아쉬움이 남아 있었습니다. 나이가 점점 들고 아이가 커갈수록 내가 가진 우물 안의 물이 어쩌면 부족할지도 모른다는 막연한 불안감이 생겨났습니다.

한국에 돌아왔을 당시 저는 이미 30대 후반이었고, 재취업의 기회를 잡기란 생각보다 쉽지 않았습니다. 보험설계사 등 새로운 직업을 권유받기도 했지만, 아이 문제가 걸려 번번이 좌절됐습니다. 그러던 중 남편이 서울에서 부산으로 발령을 받았습니다. 그때 저는 돌이킬 수 없는 실수를 저질렀고, 무모한 부동산 투자의 위험성을 절감하게 되었습니다.

당시 저는 작은 빌라 한 채와 수도권에 작은 아파트 한 채를 가지고 있던 2주택자였습니다. 절대 돈이 많아서가 아닙니다. 아무것도 모른 채 소위 부동산중개업자의 말에 귀매매 갭투자를 한 상태였죠. 빌라는 노른자 땅이라는 말에, 아파트는 뉴타운에 지정되리란 이야기에 급하게 매입했던 것입니다. 매입 후에 가격이 조금은 올랐으나 기쁨은 잠시뿐이었습니다. 얼마 안 된 시점에 미국 금융위기가 발생했고, 부동산 가격이 폭락하여 발이 묶이게 되었습니다. 부동산이란 것이 한 번 흐름이 막히면 현금화하기가 힘든 것임을 깨달았습니다. 그 이후 한참을 부동산 투자에 소극적인 마인드로 살았습니다.

그랬던 제가 변화하게 된 계기는 바로 미래에 대한 생각 때문이었습니다. 한국으로 돌아온 이후 남편은 이곳저곳으로 지방 발령을 받았는데 그 주기가 상상 이상이었던 것입니다. 1~2년 사이로 옮겨 다녀야 하는 건 물론이고, 심지어는 이사한 지 두 달 만에 다른 지방으로 발령을 받은 적도 있습니다. 저는 우리의 미래, 그리고 현재 남편의 직장에 대해 심각하게 생각하게 되었습니다. 언제까지고 이런 식으로 살수는 없었습니다. 무엇보다 아이 교육을 위해서도 이건 아니었습니다. 불안정한 생활을 타개할 방법이 필요했고, 미래를 위한 다른 수입원이 필요하다는 생각에 이르렀습니다.

인연은 우연을 가장해서 온다

요즘은 지역마다 맘카페가 있습니다. 저 역시 카페에서 유용한 정보를 얻곤 하는데 그날따라 눈에 띄는 문구가 하나 있었습니다. '김코치 재테크'였습니다. 우연히 접속한 사이트를 통해 나는 부동산 경매의 세계에 가까워지게 되었습니다.

사실 경매에 관심을 가진 것이 처음은 아니었습니다. 몇 년 전부터 관심은 많았지만, 선뜻 나서지 못했을 뿐입니다. 그 이유는 경매에 대한 편견 때문이었습니다.

"그거 경매 잘못 받으면 험한 꼴 본다."

"망해서 나가는 집 가져오는 게 뭐 좋은 일이겠어?"

"명도하다가 칼부림 나는 경우도 있다고 하던데."

제 주위 사람들은 경매를 해보지도 않은 사람들이었지만, 이 같은 '카더라' 식 이야기를 하도 듣다 보니 저도 모르게 선입견이 생겼습니다. 무엇보다 저를 가장 망설이게 했던 것은 바로 명도였습니다. 어쩔 수 없는 상황이라 해도, 살던 집에서 쫓겨나가게 생긴 사람에게 쉽게 나가 달라는 말을 할 수 있을까요?

결국 남편의 도움이 필요하겠단 생각에 설득을 시작했습니다.

"직장생활을 언제까지 하겠어. 아무리 달면 삼키고 쓰면 뱉는 게 조직 사회라지만……. 나도 대단한 것을 바란 건 아니야. 하지만 나름 특화된 일을 해온 사람을 필요한 데 쓰지 않고 이리저리 돌린다는 건, 냉정히 말해 토사구팽과 뭐가 다르겠어. 이건 당신만의 일은 아닐 거야.

남의 밑에 있다면 언제라도 일어날 수 있는 일이겠지. 당신도 알고 있잖아? 입 밖으로 내서 인정하기 싫을 뿐이지. 만약 당신도 그렇게 생각하고 다른 마땅한 게 생각나지 않는다면 우리 함께 경매를 해 보는 건 어떨까? 당신이 중국에서 맨날 하고 다녔던 게 땅 보고 임장 다녔던 일이잖아. 같이 하면 내가 놓치는 부분을 당신이 분명히 잡아줄 수 있을 테고. 나는 솔직히 명도가 자신 없으니 그걸 당신이 해주면 더 좋을 거 같아."

처음 이 말을 들은 남편은 "경매?" 하며 시큰둥한 반응을 보였습니다. 선뜻 끌린다는 표정은 아니었지만, 저는 남편과 함께 상담을 받고 수업도 듣게 되었습니다. 돌이켜 보건대 정말 최고의 선택 중 하나였습니다. 그렇게 해서 김코치와 좋은 인연을 맺게 되었습니다.

법원으로 출근을 시작하다 : 패찰, 그리고 패찰

남편과 함께 경매를 시작한 후 일주일에 한두 번은 경매장으로 출근하는 게 일상이 되었습니다. 무더위가 계속되는 날씨에도, 남편과 열심히도 출근도장을 찍었습니다. 첫 법원 나들이라니, 신기하면서도 어찌나 사람들이 많은지 살짝 놀랐습니다. 20대부터 60대까지 다양한 연령층이 모여 입찰하는 모습을 보자 마음속에서 뭔가 모를 어떤 것이 꿈틀거리는 것이 느껴졌습니다.

떨어지는 이유도 다양했습니다. 처음에는 "저 가격에 낙찰받아 어찌려고?", "저 사람은 실거주자인 게 분명해, 저 가격이 말이 돼?" 하면서 속상해하기도 했죠. 그러나 어쩔 수가 없었습니다. 이 또한 투자자라면 받아들여야 하는 현실인 것을! 김코치가 항상 당부했듯, 떨어지면 '그런가 보다' 하고 다음 입찰을 준비하는 수밖에요.

경매법원 출입이 잦아지면서 처음에는 보이지 않는 것들이 하나씩 눈에 들어오기 시작했습니다. 그중 하나가 바로 경매 컨설턴트였습니다. 초보들의 경매를 컨설팅해주고 수수료를 받는 사람들인데, 그 수가 정말 많았습니다.

'이러니 낙찰가율이 올라갈 수밖에 없지, 어휴……'

이렇게 법원을 출근하듯 드나들며 두 달이 채 안 되는 기간에 무려 7번이나 패찰했습니다.

실전은 낙찰부터 : 생각 못 한 복병들과 마주하다

"이번에도 또 떨어지는 게 아닐까? 벌써 7번 떨어졌는데……."

남편과 함께 저희의 입찰번호가 불리기를 기다리고 있을 때였습니다. 마침내 입찰한 물건에 5명이 입찰했다는 말을 듣자, 어쩐지 2등 아니면 3등일 것 같다는 느낌이 들었습니다. 다소 보수적으로 입찰하는 편이기 때문입니다. 그런데 갑자기 최고가매수신고인으로 제 이름을 부르는 것이었습니다. 그것도 2억짜리 물건을 2등과 200만 원 차이로 낙찰받은 것이었습니다. 7번 떨어진 끝에 그렇게 8번 만에 낙찰에 성공했습니다. 그 순간 머릿속이 하얘지면서 다음에 무엇을 어떻게 해야 할지 몰랐습니다. 아무렇지도 않은 듯이 보증금 영수증을 가지고 법원을 나섰습니다.

그러나 진짜 시작은 바로 이때부터였습니다. 낙찰 이후부터는 책이 소용없어집니다. 책은 다른 사람의 경험과 유형일 뿐이지 내 경우와 100% 같을 수가 없습니다. 여기서부터 진정한 나만의 경험이 쌓이고, 그것이 모여 내 재산이 됩니다.

첫 낙찰 후 우리는 명도비용, 법무사 비용, 최소한의 인테리어 비용을 간과한 것을 깨달았습니다. 이외에도 생각지 못했던 비용들이 여기저기서 반가운 척을 하며 튀어나왔습니다. 꼼꼼히 조사한다고 했지만 놓친 부분이 한두 개가 아니었습니다.

낙찰 후 바로 매도를 생각했기 때문에 인테리어 비용을 빠뜨린 것은 그렇다 치더라도, 밀린 관리비도 낙찰가에 고려해서 잘 넣었다고 스스로 위로하고 있었는데 뭔가 느낌이 싸했습니다. 다시 허둥지둥 물건을 검색하니 미납관리비 조사일이 2018년이 아닌 2016년이었습니다.

"중간에 정산했겠지. 설마 지금까지 관리비를 미납했겠어?"

때마침 일요일이었기 때문에 머리를 쥐어뜯으며 월요일 9시가 되기만을 기다렸습니다. 관리실에 전화해서 다행히 관리비가 크게 미납되지 않았다는 말을 듣고 안심했지만, 이게 만일 상가나 대형평수의 물건이었다면? 생각만 해도 아찔합니다. 패찰한 물건들은 관리실에 확인 전화도 잘했는데, 정작 낙찰받은 물건에서는 왜 이런 말도 안 되는 실수를 했던 것일까요.

점유자가 채무자 겸 소유자인 물건인지라 명도가 녹록지 않을 것으로 판단해서 이사비라는 카드를 너무 쉽게 꺼내 들었다는 것도 실점 요인이었습니다. 법무사비도 예상치 못했었는데, 일반 매매와 경매는 법무사비가 크게 차이 난다는 것을 그제야 알게 되었습니다.

경매는 일반 매매와는 달리 '대출은행+법무사+경락잔금브로커'가 사이좋게 손을 잡고 영업을 합니다. 주거래은행이나 근처 아무 은행이나 가서 "경락잔금 대출 상담하러 왔는데요"라고 하면 "쟤 뭐래…?" 식의 눈길을 받게 될 수도 있습니다. 경락잔금대출은 담보대출이긴 하지만 특수한 대출이기 때문입니다. 낙찰을 받은 물건을 대상으로 담보대출을 일으키는 것이지만 일체 법무사를 통해 진행하는 것이 일반적입니다내 돈 100% 가지고 경매를 한다면 셀프등기를 해도 상관이 없습니다. 그래서 법무사 수수료 내용을 보면 조금 부풀려져 있는 경우가 대부분이라고 합니다. 저 또한 생각보다 큰 법무사 비용에 살짝 놀랐습니다.

자주 가던 경매 법원 앞에서 만난 어떤 대출브로커 어사님이 조용히 건네던 말이 기억납니다.

"언니! 여러 군데 알아봐! 저기 법무 수수료 비싸기로 소문난 데야."

법무사비는 여기저기 녹아있기 때문에 은행 비용과 세금 부분을 잘 파악하고 나머지 부분에서 깎을 부분을 찾는 것도 하나의 일입니다. 물론 양심적으로 일 처리를 잘해주는 법무사도 많습니다.

하지 않을 이유보다 해야 할 이유를 찾아라

"10번의 명도가 있으면 10명의 점유자가 모두 다르다, 명도에서 똑같은 사례는 없다."

김코치로부터 이런 이야기를 들어왔기에 사뭇 긴장했었습니다. 모든 상황을 의심스럽게 바라보았지만 의외로 명도는 수월했습니다. 명도를 손쉽게 끝내자마자 하루 만에 월세 계약자가 나타나기도 했습니다. 처음에는 무조건 매매를 하려는 생각이었지만 보증금을 받고 보니 거의 무피 투자가 가능하게 된 셈이라 경직된 시장에서 시간 벌기로 나쁘지 않다는 생각이 들었습니다. 대출과 보증금을 받으니 내 돈이 거의 들지 않고 아파트 한 채가 생긴 것이었습니다. 이게 바로 경매의 매력 아닐까요?

저는 처음부터 매매를 고려해서 인테리어 비용을 염두에 두지 않았지만, 방향 수정이 필요한 경우를 대비해서 입찰가에 어느 정도 수리비를 반영해야 한다고 생각합니다. '이것저것 다 빼고 적으면 낙찰이나 받을 수 있으려나?' 하는 의문이 생길 수 있습니다. 하지만 부동산 시장이 상승기를 거치며 낙찰가가 높아진 상태라는 걸 기억해야 합니다. 부동산 시장 상황에 가장 먼저 반응하는 게 경매 낙찰가입니다. 낙찰 당시엔 잘 받은 가격이었는데 몇 달 사이 시장이 변해서 부동산 가격이 올라가거나 내려갈 수 있기 때문입니다. 물론 실거주 목적이라면 크게 신경 쓸 필요가 없습니다. 어차피 5년 이상은 거주할 테니 말입니다.

계획은 수정하라고 있는 것이고, 예산은 어디까지나 예산일 뿐입니다. 내 맘대로 되는 것은 아무것도 없다고 생각하는 게 오히려 마음이 더 편합니다.

"경매가 말처럼 쉬우면 누구나 경매하지, 그렇지 않아?"

이렇게 말하는 사람들이 있습니다. 그러나 단언컨대, 마인드의 문제로 말처럼 쉬운 경매에 뛰어들지 못하는 사람이 허다합니다. 경매에 들어가는 돈, 정부 정책, 자금 흐름, 시장 상황 그리고 경험해 보지 않으면 두려움을 품게 되는 일체의 절차 등 많은 사람이 이런저런 핑계로 뛰어들지 않습니다.

경매를 시작하면서 남편과 이런 이야기를 한 적이 있습니다.

"만약에 당신 일이 잘 풀리고 있었다면 내가 부동산 경매 얘기를 꺼냈을 때 받아들였을까? 지금 회사가 내 회사가 아닌 이상 언젠가는 당신도 회사에서 나와야 하고, 우리 세대는 어쩌면 백 살까지도 살 수도 있는데 그렇게 되면 남은 40~50년을 어떻게 꾸려갈까? 이제부터라도 퇴직 후를 생각해야 하는 게 당연한 거 아닌가?"

"그렇지, 다들 비슷한 생각을 하고 살지만 실제로 뭔가를 실천하기엔 나름 안락한 그 틀에서 벗어나기 쉽지가 않아."

이 책을 읽는 분들이 안주할 핑계를 찾기보다, 변화할 계기를 찾는 데 성공하기를 바랍니다. 오늘도 우리 부부는 열심히 경매법정으로 향합니다. 지금보다 더 나은 삶을 위하여.

부알못 워킹맘의 부동산 경매 전략

●● 프로가 아마추어보다 많은 연봉과 좋은 대우를 받는 이유는 (아마추어보다 실력이 좋은 것도 이유겠지만) 그만큼 보이지 않는 노력을 더 하기 때문이라고 생각한다. 남들과 똑같이 해서는 절대로 다른 사람을 따라잡을 수 없다. 단지 실력만 좋다고 프로가 되는 게 아니라 그 실력을 유지할 수 있어야 진정한 프로라 말할 수 있다.

어쩌면 종이 한 장 차이라고도 할 수 있지만, 그 미세한 차이가 인생을 변화시키고 성공을 향해 우리를 이끄는 것이 아닐까?

내가 만난 정프로 님이 그랬다. 그녀는 한마디로 표현해 '프로다운 프로'라 할 수 있다. 한 아이의 엄마이자 직장인으로, 마흔을 앞두고 부동산 경매와 투자를 시작했다. 회사에서는 직책 때문에 항상 바쁘고 집에 돌아와서는 아이와 놀아주느라 정신이 없으면서도 열심히 조사하고 입찰한다.

한 번은 정프로 님과 함께 프로젝트를 하게 되었는데 이유는 단 하나였다. '누구보다 믿을 수 있고 충분히 잘할 사람'이란 것을 알고 믿었기 때문이다. 주어진 일에 대한 책임감 그리고 준비성이 정말로 놀라웠다. 또한, 판을 키우면 키울수록 더 열정을 보이는 모습에 '어디서 저런 긍정적인 에너지가 나오는 걸까'하는 생각이 들기도 했다.

"프로젝트 준비하느라 시간이 부족할 것 같은데, 잠은 언제 주무세요? 아이도 보고 일도 해야 할 텐데 좀 쉬면서 하세요."

이렇게 말하자 "잠을 왜 자요? 잠을 줄여야죠. 할 게 얼마나 많은데……"라고 말하는 분이다. 실제로는 아이를 재우고 프로젝트를 준비하는 한편, 부동산 공부까지 하다 보니 책상에 엎드려 그대로 잠든 적이 한두 번이 아니라고 한다. 그리곤 몇 시간 자지도 못하고 또 출근하는 것이다.

핑계보다 해결할 방법을 찾고, 안 되는 이유보다 되게 만드는 이유를 찾는 정프로 님은 무엇을 하든 열정적이고 항상 자신감이 넘친다. 그래서인지 정프로 님을 만나면 반갑고 나 또한 긍정적인 에너지를 얻으며 좋은 자극을 받는다.

이런 정프로 님도 지난날을 되돌아보며 후회하는 시간이 많았다고 한다. 30대부터 시작한 사업체에 근 10년 동안 모든 에너지와 열정을 쏟아부었지만 크게 달라지지 않은 삶, 그리고 앞으로 10년 후에도 현재와 비슷할 것 같은 삶에 조금은 위기와 회의를 느끼는 듯했다. 어설픈 재테크로 손해를 보기도 하고, 부동산에 투자할 기회가 생겼지만 두려움에 놓치기도 했단다. 그래서였을까? 그 시간을 만회하기 위해 2배, 3배의 노력과 속도를 내고 있다.

나는 세상에 변하지 않는 한 가지 성공 원칙이 있다고 생각한다.

"뜨거운 열정과 강한 의지는 절대 배신하지 않는다."

✉ 멀리 돌아왔지만 결국은 부동산!

취업만이 인생 최대 목표이던 20대 중반을 지나 어리바리 사회초년생 신입사원이던 시절이 있었습니다. 그때는 그저 원금 보장이 되는 재테크 수단이 단연 최고라고 생각했습니다. 2008년 이전이었으니, 예금금리가 지금처럼 초저금리도 아니었고, 제1금융권이 아닌 저축은행만 가도 적금금리나 예금금리가 5% 이상은 기본으로 나오던 때입니다. 5천만 원 이내에서는 원금 보장도 되니, 5천만 원을 모으려면 한참 걸릴 신입사원으로서는 충분한 재테크 방법이었죠.

   그러다가 신입사원 시절도 벗어나 회사생활에 적응이 되어 숨통이 트여갈 무렵, 커피타임과 점심 회동에서 들려오는 "누구는 차이나 펀드로 2배 가까이 수익을 봤다더라!"라는 카더라 통신에 귀가 솔깃해지기 시작했습니다. 어린 저로서는 제 귀에 그런 소리가 들린다는 것 자체가 이미 끝물에 상투라는 사실을 알지 못했기 때문에 결국 3천만 원을 차이나 펀드에 모두 투자하고 말았습니다. 다행히 20대 때였으니 가진 돈이 많지는 않았지만, 나름 결혼자금이라는 명목으로 월급을 한푼 두푼 아껴서 모아둔 돈이었으니 제게는 의미 있고 소중한 전 재산이었습니다.

그렇게 전 재산을 털어 넣고 바쁜 회사생활로 세상 돌아가는 것을 모르던 어느 날, 리먼브라더스 사태 소식을 접하고 부랴부랴 펀드계좌를 확인해 보니 이미 원금이 반 토막 나 있었습니다. 하늘이 무너지는 듯했지만, 당시는 모두가 손해를 본 시기이기도 했고, 다시 시작하면 된다는 근거 없는 용기도 있었습니다.

부동산, 그때 시작했어야 했는데……

저를 차이나 펀드의 세계로 이끌었던 커피타임과 점심 회동에서 불거진 다음 이슈는 "○○ 부서의 김 대리가 경매로 집을 샀대!"라는 것이었습니다. 결혼 후 5년간 전세를 살다가, 부동산 경매로 서울의 30평대 집을 장만했다는 소식이었죠. 게다가 그분은 야근을 밥 먹듯 하고 본인 업무가 아니더라도 업무협조를 적극적으로 해온 타입이라, 모두 "그렇게 회사에 매여 있는 사람이 어떻게 부동산을 공부해서 경매로 집을 샀는가?"를 궁금해했습니다.

한참 일에 파묻혀 살던 저도 '저토록 바쁜 입사 선배가 할 수 있다면 나도 할 수 있지 않을까'라는 막연한 기대감에 경매가 무엇인지 알아보기로 했습니다. 마침 신혼 초였고 아이도 없을 때라서 주말이면 ○○옥션에서 개최하는 무료 경매 강의를 들으러 다니고, 관련 책도 몇 권 읽었습니다. 그때나 지금이나 무료 강의는 평일에 하는 비싼 유료 강의 등록을 유도하는 맛보기 강의여서, 평일에는 일개미처럼 일하며 종잣돈을 다시 모으려던 제게는 그림의 떡이었습니다. 그리고 하필 당시 보았던 경매 책들은 하나같이 "전업 투자자로 빌라 경매부터 시작해서 셀프 인테리어로 이만큼 월세 세팅을 했다"라는 내용들이 대부분이어서, 월 급여액이 낮은 편이 아니었던 당시 제게는 시간 대비 투자수익이 그다지 매력적으로 다가오지 못했습니다.

하지만 당시 부동산 투자를 포기하게 된 가장 큰 이유는 바로 두려움이었습니다. TV에서는 연일 거리에 나 앉은 미국인들의 인터뷰를 보여주고, 금융상품에 대한 공포심이 최고조였던 시기였습니다. 막연하게 '역시 열심히 일해서 꼬박꼬박 월급 받는 것이 최고!'라고 생각하게 되었습니다. 여름이면 시원하고 겨울이면 따뜻한 사무실에서 단 하루도 뒤로 밀리지 않고 항상 제날짜에 월급 받는 급여생활자로 살며 느낀 안전함이 저를 '끓는 물 속의 개구리'가 되게 했던 것은 아닌지 모르겠습니다.

돌이켜 보면, 다들 두려움에 몸 사리던 그때가 부동산 투자에 뛰어들 최적기였을 텐데 싶습니다.

불로소득, 위험한 투자의 조건

달콤한 신혼이 끝나고, 저는 세상 누구보다 예쁘고 귀여운 딸을 가진 고슴도치 맘이 되었습니다. 그렇게 하루하루 신세계를 경험하던 어느 날, 앞으로 최소 20년내지는 30년! 동안은 돈을 벌어오기는커녕 소비만

하게 될 아이를 우리 두 사람의 월급으로 감당할 수 있을 것인가 생각하다 냉혹한 현실을 깨닫고 말았습니다. 갑자기 마음이 급해진 나머지, 재테크에 관련된 글이라면 닥치는 대로 읽으며 강의를 듣는 등 부지런을 떨기 시작했습니다.

그러나 직장 생활을 하는 워킹맘이 얻을 수 있는 정보나 할 수 있는 재테크는 그리 많지 않았습니다. 그 사이 아기는 점점 분유도 많이 먹고 기저귀도 많이 쓰는, 우리 집 최대 소비자로 자라고 있었습니다. 우리 부부가 버는 돈은 그 속도의 반만큼도 늘어나지 않는데……. 마음이 더욱 조급해진 저는 '(비록 적은 돈이라도) 돈이 통장에서 잠자게 해서는 안 된다'라는 강박에 사로잡히게 되었습니다.

마음이 급하면 사람은 옳지 않은 판단을 하게 될 가능성이 매우 큽니다. 그리고 그때 처음으로 손을 댄 것이 P2P 투자였습니다. 소액으로 큰 PF Project Financing나 건물에 투자할 수 있다는 그럴듯한 명분도 있었고, 담보물건부동산 또는 동산을 처분할 수 있어서 차주가 원금을 갚지 않더라도 어떻게든 원금을 받을 수 있다는 논리도 있었습니다. 게다가 처음에는 현금 리워드도 주고 상품권도 주니, 신나게 받아서 탕진 놀이를 했습니다. 불로소득이라는 것이 이래서 좋구나 싶었지만……. 그러던 중 하나둘 차주가 잠적하거나 심지어 P2P플랫폼 운영자가 사기꾼이어서 받은 이자보다도 원금을 더 까먹는 사태가 벌어졌습니다.

정신을 차리고 생각해 보니, 저는 가장 위험한 2가지 유형의 투자를 모두 하고 있었습니다.

첫째, 원금을 보장받지 못하는 투자.

둘째, 채무자의 정보를 알 수 없어서 채무자를 직접 컨트롤할 수 없는 투자.

두 번째에 대해 조금 더 상세히 설명하자면, P2P투자의 특성상 채무자의 개인정보 보호를 위해 상세한 정보가 오픈되지 않습니다. 채무자로서는 1만 원, 2만 원 빌려준 소액 채권자한테까지 정보를 공개하지 않아도 된다는 장점이 있겠지만, 소액이라도 채권자는 채권자인데 누구인지도 모르고 돈을 빌려주는 상황인 것입니다. 다시 말해, 채무자가 원금을 갚지 않고 잠적하기로 작정을 하고 처음부터 돈을 빌렸더라도, P2P플랫폼 회사에서 상환노력을 해줄 것을 '기대'해야지, 직접 받아낼 방법이 없습니다.법적으로도 P2P플랫폼 회사를 통해서만이 추심이 가능합니다. 최악의 경우, P2P 플랫폼 회사가 채무자와 짜고 또는 가짜 채무자를 내세워서 채권자를 모으는 경우, 걸러낼 방법이 전무합니다.실제 서류를 조작해서 가짜 P2P 상품을 만들다가 걸러서 고소당한 회사도 있다고 들었습니다.

2008년에 펀드 원금을 반 토막 내면서 그 마음고생을 하고도, 또 정신을 못 차리고 원금 보장이 안 되고 직접 컨트롤 할 수 없는 상품에 손을 댄 셈이었습니다. 그때 깨달았습니다. 스스로 공부하고 노력하지 않은, 그야말로 '불로소득'은 모래 위에 쌓은 성처럼 언제든 사라질 수 있다는 사실을 말입니다.

부알못, 늦게 배운 도둑질이 무섭다?

아이가 태어나기 전, 우리 부부가 주택을 고르는 기준은 '(몸도 마음도) 내가 살기 편한 곳'이었습니다. 둘 다 자차가 있으니 군이 역세권일 필요도 없었고, 아이가 없으니 학군이 좋을 필요도 없었죠. 직장과 가깝기는 했지만, 동네 자체는 입지가 좋거나 부동산 가격이 오르락내리락하는 곳이 아니었습니다.

그저 빚내서 은행에 내는 월세가 아까워서, 비싸기만 한 서울 구석의 낡은 아파트에 자리 잡고 시작한 것이 마음이 불편했고, 빚 없이 내 돈으로 살 수 있는 '(대출 없는) 진짜 내 집'에서 편안하게 살고 싶다는 생각뿐이었습니다. 그래서 서울 신혼집을 팔고 경기도 광주의 새 아파트를 샀습니다. 전망 좋고 조용한 데다가 분양가에서 마이너스 피가 붙어서 저렴해진 아파트를 싸다는 이유로 좋다고 매수할 정도였으니, 우리 부부의 부알못부동산을 알지 못 하는은 소위 말하는 '역대급'이었던 것입 니다.

시세 차트를 보면, 2018년 부동산 난리 통에도 경기도 광주의 아파트는 시세가 꾸준합니다. 우리가 들어갔을 때가 이미 분양가에서 마이너스였는데, 수도권임에도 그 가격을 회복하지 못하고 있습니다참고로, 광주로 이사한 집의 현재 매매 호가는 3억 1천만 원인데 비해 원래 살았던 서울 신혼집의 현재 호가는 6억 선입니다.

이렇게 심각한 부알못이던 제가 정신을 차리게 된 건, 신혼 초에 사두었다가 이사 다니면서 다 버리고 딱 한 권 남아있던 경매 관련 책이

었습니다. 사실 그 책이 훌륭해서라기보다는 어쩌다 보니 처분이 안
되고 남겨졌던 것뿐입니다. 그러나 처음 읽었을 때는 단순한 '경매 무
용담'이라고 생각했던 그 책이 제게 새로운 자극제가 되었습니다.

워경밸(워킹 & 경매 밸런스)을 찾다

일하는 틈틈이 입찰을 다니다 보니, 회의나 미팅이 있는 날은 당연히
회사 업무가 우선되어야 했고, 입찰할 수 있는 시간이 많지 않았습니
다. 특히나 월요일 아침은 주간 회의가 있어서 연차도 쓰기가 어려운
데, 고르고 골라 좋은 물건이라고 보다 보면 월요일이 입찰일 때가 많
았습니다.

 이래서는 입찰이 안 되겠다는 생각이 들어 전략을 바꿨습니다. 입찰
일을 화~금요일 주간 단위로 검색을 하기 시작했습니다. 그래도 갑작
스럽게 미팅이 생기는 등의 이유로 입찰을 못 하게 되면 그렇게 아쉬
울 수가 없었습니다. 이후 다시 미팅이 없는 날 아침엄밀하게는 새벽에 물
건을 검색하는 '벼락치기' 전략으로 바꾸게 되었습니다.

 처음에는 입찰하는 족족 당일 입찰 최대인원수인 물건이면서, 내 입
찰가격이 낙찰가에 근접하지도 않았습니다. 내 눈에 좋아 보이면 당연
히 다른 사람에게도 좋아 보이는 물건이었습니다. 계속된 패찰에 흥미
를 잃어갈 때쯤, 남편도 김코치의 수업을 듣고는 경매에 본격적인 흥
미가 생겨서 유료사이트 보는 방법부터 이것저것 제게 물어보기 시작

했습니다.

부부가 같은 취미나 공통 관심사를 갖는 것이 왜 좋은지 알 것 같았습니다. 아이가 생긴 후부터는 거의 아이와 관련된 이야기만 하거나 그나마도 육아에 바빠 우리끼리 대화할 시간이 거의 없었습니다. 그런데 경매라는 공통 관심사가 생기니 카톡으로도 대화할 거리가 많아졌고, 집에서도 아이가 잠든 새벽에 조용히 물건을 검색하며, 함께 입찰할 물건을 정하는 재미가 쏠쏠했습니다.

나만의 입찰전략을 만들어 가다

일단 1개라도 낙찰받아봐야겠다는 생각에, 회사 일이 한가한 시기를 틈타서 주 3회 입찰을 목표로 물건을 검색하였습니다.

주 3회 입찰 첫 주, 화요일

정말 마음에 드는 물건의 경매가 안양 법원에서 두 건 있었습니다. 보증금의 압박이 꽤 커서 1개만 선택해야 하는 상황이었기에, 입지적으로 출구전략이 좀 더 명확할 수 있는 산본의 아파트를 택해서 입찰했습니다. 그러나 입찰한 산본의 아파트는 처음에 불허가가 났던 때보다 2배 많은 10명의 인원이 응찰하였고 낙찰가율도 99%에 육박했습니다. 결과는 3위 안에도 못 드는 패찰. 정부의 잇따른 규제책에 의한 풍선효과로 산본과 같은 수도권 비조정지역의 가격이 한참 급등하는 시기였으니 어찌 보면 당연한 결과였습니다.

게다가 넣을까 말까 고민하면서 차순위로 관심을 가졌던 물건이 유찰되고 말았습니다. 8월과 9월 각 10건이 넘는 손 바뀜을 하면서 가격이 꾸준히 우상향하던 아파트였죠. 최저가 입찰했으면 단독낙찰이었을 것이라는 생각에 왠지 아깝고 분한 마음이 들었습니다. 이 경험을 계기로 한 법원에서 2개 이상 입찰하자는 전략을 세우게 되었습니다. 물론 자금 사정이 허락하는 한.

주 3회 입찰의 첫 주, 수요일

소형아파트 분양이 잇따르면서 대형아파트에 대한 관심이 높아진다는 이야기를 듣고, 과감하게 대형아파트를 하나 응찰해 보기로 했습니다. 이 아파트 역시 분양가에서 마이너스 피로 시작해서 매매 가격 변동이 거의 없다가, 최근에 갑자기 가격이 뛴 아파트였습니다. 이러한 추세에 힘입어서인지, 매매 호가도 감정가를 크게 웃도는 5억 원대에 형성되어 있었습니다.

이처럼 갑작스럽게 매매가가 인상되어 호가가 높은 아파트는 임장이 필수입니다. 내 경우는 발품 임장은 못했지만, 인근의 공인중개사 몇 군데에 전화로 시세를 확인한 결과, 호가에 실제 거래된 적은 없고 해당 호가에 판매할 자신도 없다고 했습니다.

같은 날 같이 입찰할 만한 다른 물건을 발견하지는 못해 이날은 전날 세운 '1일 2입찰' 전략을 실천하지는 못했습니다.

결과는 패찰. 분명 전화 임장을 하지 않은 것으로 보이는 낙찰자가 호가에 근접한 가격으로 낙찰을 받아간 것이기에 오히려 이런 경우는 그다지 아쉽지 않습니다.

'나는 내가 손품 발품 임장으로 얻어낸 결과를 신뢰하고, 그 내용을 바탕으로 내 자금 사정에서 가장 적합한 가격을 써낸 것이니까.'

주 3회 입찰의 첫 주, 목요일

화요일처럼 마음에 드는 물건이 2개 있었고, 마침 금액도 조금 낮은 물건이라 모두 입찰했습니다. 신규 지하철역 개통으로 이중역세권 호재가 있는 물건 하나는 역시나 높은 가격에 낙찰받아갔습니다.

그리고 기대했던 또 하나의 소액물건. 인터넷상의 급매가격을 집주인과 흥정해 얼마 깎는다는 마음으로, 급매가에서 5백만 원 정도를 낮춰서 입찰했습니다. 결과는 2등과 450만 원 차이로 낙찰!

2등과의 차이를 좀 더 좁힐 수도 있었다는 생각에 잠시 아깝기도 했습니다. 사람 마음이 이렇게 간사한가 봅니다. 하지만 곧 다시 생각하니, 이 아파트 역시 근처 다른 아파트의 재건축 호재에 따른 시세 상승으로 조금씩 매가가 들썩이고 있는 분위기라, 앞서 다른 물건처럼 '지르는' 입찰자가 나타나지 않은 것이 오히려 다행이라는 생각했습니다.

원래의 출구전략은 단타였지만, 이 집은 1980년에 준공된 집이라 재건축도 가능할 것 같아 대출만 잘 나온다면 월세를 끼고 무피로 계속 들고 있을 계획입니다. 마침 현재 거주 중인 월세 임차인이 그대로 살기를 바라는 상태여서, 추가적인 비용-인테리어 및 부동산중개수수료 등이 들지 않게 되어 비교적 고생하지 않고 잘 해결될 기미가 보입니다.

다행히 주 3회 전략을 세운 마지막 날 좋은 결과가 나오니 나름 자신감이 생겼습니다. 이 이후로는 또 줄줄이 패찰이거나 입찰할 상황이 안 되었지만, 그래도 시작이 반이라고 일단 낙찰을 받고 명도, 대출 등의 이후 계획을 세울 수 있게 되니 새로운 흥미를 느꼈습니다.

어른이 되니, 모르는 것은 죄였다

처음에는 부동산 강의와 경매 강의를 하는 사람들을 보며 "그렇게 좋은 거면 혼자만 알지 (경쟁자가 될지도 모르는 사람들에게) 왜 가르쳐주지?"라는 삐딱한 생각도 했었습니다. 그런데 막상 제가 부동산을 조금 공부하면서 느낀 것은, 대한민국에서 '어른'으로 살기 위해서는 부동산을 꼭 알아야 한다는 점이었습니다.

어릴 적 "모르는 것은 죄가 아니다"라고 배웠지만, 어른이 되어 가정을 이루고 누군가를 책임져야 하는 나이가 되니 그 말이 진리는 아니었다는 생각이 듭니다. 세상은 '몰랐다'고 해서 용서해주지 않을뿐더러, 몰랐던 죄로 벌금도 내고 손해도 봅니다. 그것이 냉정한 세상의 이치입니다.

신혼집을 팔 때는 '고생을 좀 하더라도 어떻게든 서울에서 버텨 보자'라는 생각을 왜 못했을까요? 그런 생각이 드니, 친한 친구들에게는 책을 선물하며 더더욱 부동산 공부를 권하고 있습니다. 모든 친구에게 부동산 투자나 경매를 권하는 것은 절대 아닙니다. 수학 공부가 너무 싫어서 문과를 택했던 저처럼, 누군가는 부동산 투자나 경매가 적성에 안 맞을 수 있습니다. 단지 대부분 실수요자는 사실상 사는 집이 전 재산인데, 집값이 내려가거나 오르지 않아 손해를 보는 일이 없어야 하기 때문에 공부를 권하는 것입니다. 아이가 크면 이사도 다녀야 할 텐데, 이사할 때 내지 않아도 될 세금이나 다른 비용을 지불하지 않도록 공부를 권하기도 합니다.

살다 보니, '모르는 것은 죄가 아닌' 적이 없었습니다. '죄'라고까지 할 수 없을진 몰라도, 내 선택의 결과물은 그 누구도 아닌 나 자신의 책임이었습니다. 최고는 아니더라도 최선을 선택하는 안목이 필요하며, 적어도 최악은 피할 줄 아는 것이 어른의 책임이기에 오늘도 전 돌고 돌아온 '부동산'을 더 열심히 공부합니다.

개천표 흙수저 워킹맘의 부자엄마 도전기

투자 실전기 (6)
부자엄마 님의 이야기

●● 강의하다 보면 많은 사람들을 만나고 또 알게 된다. 그중에서도 열정이 가득하고 멋있다는 생각이 절로 드는 사람이 있는데, 부자엄마 님이 그렇다. 넘치는 에너지와 강한 의지, 추진력을 갖춘 부자엄마 님을 보면 나 자신을 반성하게 된다. 만남 자체가 삶에 활력이 되기도 한다. 그래서 일이 잘 풀리지 않거나 고민이 많을 때면 내가 먼저 차 한 잔 마시자고 청할 정도로, 여러 면에서 오히려 내가 많이 배우게 되는 분이다.

부자엄마 님과의 첫 만남은 나의 편견을 깨는 것이었다. 지인 소개로 수업을 듣게 되었는데 직업이 의사라는 대목을 보고, '의사가 경매를 왜 배울까?'라는 생각이 먼저 들었다. 굳이 내 수업을 듣지 않더라도 어느 정도 안정적인 삶을 살고 있을 것 같았기 때문이었다.

드디어 첫 만남의 자리, 수업을 시작하기에 앞서 서로 개인적인 이야기를 나누는데 속으로 정말 대단하다는 생각이 들었다. 단지 의사라서 대단한 게 아니라 아이를 키우면서 의사가 되기까지의 과정, 마인드, 의지, 행동, 노력 등 성공학 책에서 늘 접한 내용의 실물을 직접 만난 느낌이었다.

부자엄마 님은 대학 졸업 후 대기업에 다니다가 1년 만에 퇴사하고 현 직업을 갖기 위해 4년이라는 시간을 다시 투자했다고 한다. 그뿐만이 아니었다. 왜 부자가 되고 싶고 많은 돈을 많이 벌고 싶은지 자기만의 확고한 생각과 철학이 있었다. 비단 사고에만 그치는 것이 아니라 원하는 것을 위해 즉시 행동하고 실천한다는 것이 느껴졌다.

누구나 부자를 꿈꾸며 많은 돈을 벌고 싶어 하지만, 그저 생각에서 멈추는 경우가 부지기수다. 세상에 부자가 그리 많지 않은 것은 바로 이런 이유 때문이 아닐까? 부자엄마 님처럼 적극적으로 행동하는 것이 진짜 부자로 가는 길에서 가장 중요한 점이라고 생각한다.

'그 작은 체격에, 부자엄마 님의 강한 에너지와 열정은 다 어디서 나오는 것일까?'

가끔 궁금하다. 아이 셋을 키우며 직접 병원을 운영하고 책을 쓰며 투자까지 열심히 하는 부자엄마 님을 볼 때마다 내가 하는 질문이 있다.

"요즘은 몇 시에 주무세요? 몇 시에 일어나세요? 하루 몇 시간 정도 주무세요?", "아이를 세 명이나 키우고 병원 일도 하고 책도 쓰시고 투자도 하고 운동도 매일 꾸준히 하는데 피곤하고 바쁘지 않으세요?"

돌아오는 대답은 늘 나를 반성하게 하고 하나의 동기부여가 되어 긍정적인 자극을 주었다.

부자엄마 님은 예전이나 지금이나 하루 네댓 시간 이상 자면 세상이 무너지는 줄 아는 분이다. 잠을 자는 시간보다도 20년 이상 그렇게 살아왔다는 것이 대단했다. 부자엄마 님은 단순히 좋은 학벌과 직업으로 부자가 된 사람이 아니다.

독자 여러분에게 부자엄마 님이 의사가 되기까지 힘들었던 과정, 종잣돈을 모으고 돈을 아끼며 투자에 매진한 사연, 경차에서 시작해 벤츠를 타기까지 마인드를 소개하고 싶었다. 그 피나는 노력과 인내를 보면 이런 생각이 들 수밖에 없다.

"아! 이런 사람은 정말 부자가 될 수밖에 없구나."

✉ 재테크는 생활이다

저는 아이 셋을 키우는 전문직 워킹맘입니다. 남편과 저는 흔히 말하는 개천표, 흙수저이죠. 결혼 당시 남편은 고시원에 살고 있었습니다. 시부모님이 집을 담보로 다단계를 했고 사기를 당해 살던 집을 잃자 부모님에게 자취 집 보증금을 드린 후, 자신은 고시원에 들어간 것이었습니다. 어차피 결혼할 사이고 고시원 생활을 하는 것을 두고 볼 수 없어 결혼식을 올리기 전에 혼인 신고부터 하고 동거를 시작했습니다.

결혼생활의 시작은 참으로 암울했습니다. 돌도 안 된 아이를 안고 서울~천안을 이동하는데 10년이 넘은 중고차 창문이 안 닫혀 종이박스로 가리고 달린 적도 있습니다. 대중교통이 불편한 시골에서 맞벌이를 하려니 차는 필수였죠. 그래서 세금 혜택 많고 유지비 적게 드는 모닝을 샀습니다. 유치원 엄마들과 함께 있는데 첫째 아이가 베이지색

모닝만 지나가면 "아빠 차다!"하고 소리를 지를 때면 조금 창피하기도 했습니다.

서울의 20평대 새 아파트 전세로 신혼을 시작하는 친구들 집들이를 하러 갈 때면, 참 많이 부러웠습니다. 전 결혼 후 9년 동안 가구다운 가구를 사본 적이 없었기 때문입니다.

'또, 이사할 건데 뭐! 나중에 집 사면 제대로 된 걸 사면 되지!'하고 나 자신을 위로하고 또 위로했습니다.

첫째 아이가 초등학생이 되자 서울의 괜찮은 학군 지역으로 이사를 했습니다. 이전에는 경기도에 살았는데, 전세금이 1억 8천만 원이었습니다. 하지만 이번에는 새로 이사 갈 집에 3억 원을 대출 내어 이사를 감행했습니다. 당시 부동산 중개인이 "너무 무리하시는 거 아니냐?"며 슬쩍 자존심 상하는 말을 흘리기도 했었던 기억이 납니다.

이런 숱한 일들 때문에 남편과 전 다시 가난해지는 것을 극도로 두려워합니다. 그래서 지금도 "어떻게 하면 돈을 더 벌 수 있을까? 그리고 돈을 잃지 않을까?" 이런 고민을 하고 있는지 모르겠습니다.

신혼 생활은 그렇게 어렵게 시작했으나, 지금은 한강이 보이는 50평대 아파트에 살고 있습니다. 내년에는 방 5개짜리 아파트로 이사 예정입니다. 거주용 아파트 포함 아파트 4채, 빌라 1채, 재개발 상가주택 1건, 소형 건물 1건을 소유하고 있습니다. 올해 부동산 법인을 설립하였고 법인으로 경매를 시작했습니다.

부동산에 대한 관심은 친정어머니의 영향이 가장 큽니다. 대학 졸업 후 대기업에 취직한 후, 저는 홀로 상경해 오피스텔에서 전세로 살았습니다. 하지만 어머니는 앞으로는 전세에 살지 말고 집을 사라고 항상 말씀하셨죠.

어머니 역시 가난한 아빠와 결혼하고 돈 한 푼 없이 시작한 지라 제가 초등학교 2학년 때까지 '남의 집 살이'를 하셨습니다. 제가 초등학교 2학년 때 처음 주택을 사서 이사를 했는데 그때 어머니의 행복한 모습을 아직도 잊지 못합니다. 그리곤 한동안 집을 사면서 받은 대출을 상환하느라 삼시 세끼 시래깃국만 먹었던 기억이 납니다. 어머니는 항상 떨이하는 시간에만 시장에 가셨습니다. 그 적은 돈마저 아끼기 위해서……. 생각해 보니 그 어려운 환경 속에서도 어머니는 집을 사겠다는 생각이 확고하셨던 것 같습니다.

'첫째, 무조건 대출이 있어야 아껴 쓴다. 둘째, 남의 집 살이는 정말 힘들다!' - 이것이 제 어머니의 지론이었습니다.

중학교 2학년 때 부모님을 여의고 그때부터 방직공장에서 일한, 겨우 중학교 중퇴 학력이었던 어머니는 그 누구에게도 배운 적 없지만 레버리지 투자를 하고 있었습니다. 월급을 받고 돈을 모으며 여력이 될 때마다 대출을 끼고 아파트, 원룸, 상가를 사셨습니다.

그러고 보면 어머니는 참 철두철미하십니다. 우리 부부는 제가 2년 동안 회사에 다니면서 모은 2400만 원으로 결혼을 했습니다. 어머니는 우리가 힘들 때마다 금전적으로 많이 도와주셨지만, 그럴 때마다 원금 및 이자를 100원도 빠짐없이 정확하게 받아가셨습니다. 어려울 때 옆에서 가장 큰 힘이 되어주셨지만, 때로는 어머니로 인해 자존심이 상할 때도 있었습니다.

결혼 후, 저는 다니던 회사를 그만두고 전문대학원에 입학했습니다. 어머니는 첫 등록금을 빌려주며 나중에 벌어서 꼭 갚으라고 말씀하셨습니다. 전 그다음부터 대부분 학기에 장학금을 받았습니다. 어쩌면 어머니한테 또 돈을 받기가 싫었는지도 모르겠습니다.

학교에 다니는 동안 두 아이를 출산했지만 단 한 번도 휴학하지 않았고, 그 와중에도 장학금까지 받았을 정도로 이를 악물고 버티며 공부했습니다. 둘째를 출산한 지 한 달째 되었을 때 4학년 국가고시 대비 첫 모의고사에서는 1등을 했습니다. 그때 어머니는 내가 장학금을 받았음에도 그만큼의 돈을 주셨습니다. 보상이 있어야 앞으로 더 기운 내서 공부하지 않겠느냐 하시면서…….

한편, 아이들의 어린 시절을 생각하면 아직도 마음이 아픕니다. 전문대학원 4년 내내 주말 부부 생활을 하였기 때문에 졸업 후에는 어떻게든 네 식구가 모여서 살려고 첫 직장을 천안에서 구했습니다. 도우미를 쓸 형편이 못되어 어린이집에 맡길 수밖에 없었는데, 한 번은 둘째가 며칠 동안 열이 떨어지지 않더니 뒤늦게 폐렴 진단을 받았습니다. 결국, 시댁이 있는 구리시의 대학병원에 둘째를 입원시켰습니다. 입원한 둘째 아이를 병원에 떼어 놓고 서울에서 천안으로 출퇴근할 때 제 월급은 250만 원이었습니다. 폐렴으로 입원한 둘째와 같이 병원에서 잠을 자고 일어나서 첫째 아이와 고속버스를 타고 천안으로 내려와 유치원에 데려다준 후 출근을 했습니다.

가난은 그런 것입니다. 돈이 없어서 사람을 못 쓰고, 돈이 없어서 내가 직접 아이를 돌보지 못하고, 돈이 없어서 내 시간을 헐값에 팔아야 하는 그런 것. 돈이 없어서 불행한 게 아니라 돈이 없으니깐 불편하고 힘든 것입니다. 그래서 저는 지금도, 매일 부자가 되기로 결심합니다.

나는 팔지 않을 부동산에만 투자한다

2005년, 제 나이 스물넷에 첫 부동산등기권리증을 갖게 되었습니다. 당시엔 분당에서 전세로 살고 있었는데, 그때도 어머니는 작은 집이라도 한 채 사서 살라고 조언하셨죠. 그래서 서현, 수내, 정자 인근의 오피스텔, 아파트를 보러 다녔습니다. 당시에 봤던 오피스텔, 아파트들의 시세를 요즘도 네이버 부동산으로 확인하곤 합니다.

제 일련의 경험을 보건대 '수익률 면에서 아파트가 단연 원WIN이고 소형일수록 원WIN'이라는 생각이 듭니다. 당시 분당 소형아파트의 매매가는 9500만 원, 전세가 6500만 원이었습니다. 현금 3천만 원 정도가 있으면 분당에 소형아파트 한 채를 살 수 있었습니다. 하지만 2018년 현재 해당 아파트의 실거래가는 4억 1750만 원입니다.

2006년 결혼할 당시 남편은 서울에 소형 빌라를 한 채 갖고 있었습니다. 결혼하자마자 1가구 2주택이 되었습니다. 남편은 빌라를 팔고 대출을 받아 아파트 전세에서 신혼을 시작하자고 했지만, 전 팔지 말고 없으면 없는 대로 맞춰 살자고 했습니다. 저는 처음부터 투자할 때 팔지 않을 부동산만 투자하기에 입지를 가장 중요하게 생각합니다.

먼저 몸값을 높이고, 집값에 투자하라

그리고 2007년, 저는 전문대학원에 진학했습니다. 전문직 자격증을 얻기 위해 4년이라는 시간을 다시 투자했습니다.

재테크 책에 보면 0순위로 나오는 말이 있습니다.

"인컴income이 중요하다, 몸값을 올려라!"

아무리 재테크로 용을 써도 고소득자들이 차곡차곡 모으는 것을 못 쫓아간다는 이야기입니다. 만약 제가 회사에 계속 남아 있었다면 임원이 될 자신도 있었습니다. 그러나 육아 등 여러 가지 현실적인 문제를 고려했을 때 전문직이 더 유리하겠다는 판단이 들었습니다. 그래서 4년이라는 시간을 투자해 전문직 자격증을 취득했습니다. 물론 자격증 하나만으로 고소득자가 되는 시절은 끝났습니다. 오너owner가 되어야 하고, 그중에서도 성공한 오너만이 고소득자로 분류되는 게 오늘날 현실입니다.

전문대학원을 졸업한 후 1~2년 차에는 일요일도 없이 주 7일을 일하며 할 수 있는 최고의 노력을 했습니다. 다른 사람들은 4년이라는 시간 동안 일하며 돈을 모았을 때, 대학원 공부로 인해 4년이라는 공백이 생겼기 때문에 그 시간을 빨리 따라잡아야만 했습니다. 다행히 그때부터 운이 좋아 빠른 시간 내에 자리를 잡을 수 있었습니다.

2010년 국가고시 공부를 할 때였습니다. 문득 '졸업하고 서울에 가면 어디 가서 살지? 이제 아이도 둘인데'하는 생각이 들더군요. 부동산 시장은 2008년 정점을 찍고 용인 등은 거품이 빠져 곡소리가 나던 때입니다. 2010년은 부동산 침체기라고 할 수 있었습니다. 남편과 머리를 맞대고 궁리한 끝에, 우리가 영혼까지 끌어모아 구매 가능한 20평대 아파트를 샀습니다. 그렇게 세 번째 부동산을 취득했습니다.

당시 전 대구로 학교를 다니고 있었는데, 집을 보기 위해 서울까지 갔던 기억이 납니다. 아침에 집을 보고 해질 때까지 아파트 놀이터에 앉아 고민했습니다. 매도자는 매수한 지 1년도 안 되어 3천만 원을 손해 보고 파는 것이었습니다. 2008년에는 5억 원에도 거래됐었다고 했습니다. 당시 전세가율은 50%도 안 되었습니다. 우리 부부가 대출을 받으려고 하니 세입자가 자기한테 돈을 빌리라고 제안해 왔습니다. 세입자와 차용증을 쓰고 세입자에게 이자를 내게 되었던 것이죠. 지금 생각해봐도 조금은 웃음이 나옵니다.

하지만 이후 재계약 시에는 전세가가 올라 이자를 낼 필요가 없게 되었습니다. 이게 바닥이다 확신하고 절박하게 질렀던 이 24평 아파트는 2016년까지 꿈쩍도 하지 않았으나, 반면 전세가는 계속 올랐습니다. 갈수록 투자원금이 줄었습니다. 당시 3억 5천만 원에 매수한 아파트가 2018년 현재 실거래가 6억 8천만 원, 호가 7억 5천만 원이 되어 있습니다.

부동산 투자는 제2의 직업

2015년, 우리 부부는 진정한 의미의 '내 집 마련'을 했습니다. '제2의

IMF가 온다, 정치인들이 강남에 아파트를 정리하고 있다, 인구 절벽이 온다'는 흉흉한 얘기가 오갈 때 저는 부동산 상승을 감지했습니다. 늘 부동산 가격을 모니터링하고 있으므로 가능한 일이었죠. 비결이 무엇이었을까요? 부동산을 한 채라도 소유하고 있으면 저절로 관심을 가질 수밖에 없습니다. 우리 부부는 그때 이미 소형 주택을 3채 갖고 있었기 때문에 부동산 시장에 더 민감할 수밖에 없었습니다. 주식 창처럼 변동성이 없어 재미는 덜하지만, 그래도 '내 부동산, 잘 있나'하고 주기적으로 들어가 매물도 보고 실거래가도 봅니다.

제가 소유한 부동산에는 각자 이름이 있습니다. 20평 아파트는 첫째 아이 것, 12평 아파트는 둘째 아이 것, 빌라는 셋째 아이 것, 이건 내 노후, 이건 남편 노후. 이렇게 이름을 정합니다. 현재는 제가 생각하는 만큼 세팅이 어느 정도는 끝난 상태에서 열심히 대출금전세금도 대출로 여깁니다을 상환하며 노후대비를 하고 있습니다. 저는 국민연금은 믿지 않지만, 임대 가능한 소형 부동산만큼은 나의 노후를 책임질 것이라고 굳게 믿고 있습니다.

현재 전 고소득 전문직 자영업자입니다. 그래서 제 명의로 임대사업을 하게 되면 임대소득의 절반을 세금으로 내야 합니다. 주택임대사업도 마찬가지입니다. 주택임대소득간주임대료 포함이 연 2천만 원을 초과하는 경우 절반을 세금으로 내야 합니다. 이래서야 더는 투자하기 어려운 상황이었습니다. 고심한 끝에 부동산 법인을 설립하여 투자하기로 했습니다. 지금은 부동산 경매 투자도 법인으로 하고 있습니다.

2018년 7월 말, 열흘간 아프리카로 의료봉사를 다녀왔습니다. 월요일에 귀국했는데 마침 화요일에 입찰 건이 있었습니다. '매주 화요일은 무조건 입찰하자!'라고 결심했지만 정말 쉽지 않았습니다. 피곤함과 귀찮음을 물리치고 법원으로 향했고, 결과는 낙찰이었습니다.

"신은 스스로 돕는 자를 돕는다."

저는 이 말을 참 좋아합니다. 세 번째 입찰만에 낙찰받은 것입니다. 현재 명도 후 인테리어까지 마친 상태입니다. 이 물건은 2년 또는 4년 임대 후 매도할 계획입니다.

돌이켜보면 경매를 배우길 참 잘했다는 생각이 듭니다. 경매를 배우기 전에는 '부동산을 좀 안다'라고 자만했었습니다. 이제는 여전히 배울 게 많고 부족한 게 많다고 생각합니다. 그래서 경매를 시작으로 여러 분야로 확대해 본격적으로 공부해 볼 생각입니다.

브라보, 마이 라이프! 재테크는 시간과의 싸움이다

이전에 주식이 크게 상승했다가 다시 폭락했을 때 '아, 그때 팔걸' 하고 후회했던 적이 있습니다. 부동산 시장은 2013년이 바닥이었습니다. 2015년 내 집 장만을 할 때는 2013년보다 오른 가격에 살 수밖에 없었죠. 누구나 과거를 돌아보며 후회할 수는 있습니다. 과거를 분석해 원인을 따져보는 일도 의미가 있지만, 딱 거기까지입니다. 후회한들 달라지는 것은 아무것도 없습니다.

저는 항상 '어떻게 하면 좋을까?' 생각합니다. 앞으로 어떻게 할지, 실행 방안에 집중하는 편입니다. 그리고 오로지 '팔까 살까'만 생각합니다. 만약 투자를 시작하는 분이 있다면 이 말을 꼭 하고 싶습니다.

"자신의 몸값을 올리세요!"

마술을 부리지 않는 한 재테크만으로 부자가 되기는 힘듭니다. 주식이, 부동산이 과거 5년 동안 좋았다고 해서 앞으로 5년 동안 좋으리란 보장이 없습니다. 재테크는 타이밍이 중요하고 시간과의 싸움입니다. 그래서 우선 열심히 일해서 수입을 높여야 한다고 생각합니다.

막 결혼한 부부거나 아이가 없다면 첫째 아이 초등 입학 전까지는 무조건 돈을 모으고 절약할 것을 추천합니다. 가끔 백만 원이 넘는 유모차를 끌고 다니는 젊은 엄마들을 보면 '만약 내 친동생이었다면 머리를 한 대 쥐어박았을지도 몰라' 생각하곤 합니다.

"네가 지금 이런 데 돈 쓸 때냐!"

저는 무조건 뛰어들어야 한다고 믿습니다. 글로 백 번 보는 것보다 한 번 듣는 게 낫고, 백 번 듣는 것보다 한 번 보는 게 낫고, 백 번 보는 것보다 한 번 직접 해보는 게 낫기 때문입니다. 주식도 모의투자는 하지 말라고 합니다. 단돈 10만 원이어도 좋으니 진짜 내 돈으로 진짜 주식을 사고팔아보라고요. 그래야 진정한 투자의 의미를 알게 되고 그 안에서 또 다른 새로운 것을 느낄 수 있습니다.

앞으로 몇 년만 있으면 곧 40대입니다. 저는 30대가 어떻게 지나갔는지 모를 정도로 지금까지 정말 숨 가쁘게 앞만 보고 달려왔습니다. 지금도 하루 4시간 이상을 자지 않습니다.

왜 그렇게 바쁘게 살았을까요. 또, 왜 그렇게 치열하게 살았을까요?

이유는 한 가지입니다.

"나와 우리 남편 그리고 사랑하는 우리 아이들을 위해서."

한 번뿐인 소중한 인생입니다. 저는 앞으로도 지금처럼 인생을 즐기고 끝이 없는 배움과 도전을 계속해 나갈 것입니다.

저의 작은 경험담이 투자를 시작하는 모든 분들에게 조금이나마 도움이 되었으면 하는 작은 바람입니다. 그리고 이 책을 읽는 모든 분이 진심으로 행복한 인생을 살았으면 합니다. 왜냐하면 우리는 모두 그럴 만한 충분한 자격이 있다고 믿기 때문입니다.

돈 걱정 없는 인생 후반부를 위하여

투자 실전기 (7)
다크헌터 님의 이야기

●● 일대일 수업을 위해 스터디룸에서 수강생을 기다릴 때면 과연 이번에는 어떤 분과 만나게 될지 궁금해진다.

태풍 때문에 비가 장대비처럼 쏟아지는 일요일 아침, 이윽고 평범한 옷차림의 중년 남성이 들어왔다. 보통은 일대일 강의를 들을지 말지 결정하기 전에 먼저 상담을 원하거나 몇 가지 문의를 하기 마련인데, 다크헌터 님은 그런 것 없이 바로 수업을 받겠다고 했다. 직접 만나 대화를 나눠 보니 말보다는 행동을 즐기는 분임을 알 수 있었다.

나는 일대일 수업을 할 때는 경매 이론뿐 아니라, 인생 이야기도 하며 서로를 알아가는 시간을 중요하게 생각한다. 그래야 무엇을 보완할지 알고 어떻게 도움을 줘야 할지 알 수 있기 때문이다.

두 딸을 결혼시키고 50대에 접어든 다크헌터 님은 나만큼이나 인생의 굴곡을 많이 겪은 분이다. 지금은 안정된 직장을 다니며 행복한 나날을 보내고 있지만, 경제적으로 어려웠던 어린 시절과 30~40대 때 이야기를 들어보면 결코 평범한 인생이 아님을 느낄 수 있었다. IMF를 직접 경험하고 많은 것을 잃어버렸음에도 한 가정의 가장으로서 이를 악물고 버티며 지금까지 버텨온 것이었다. 그 책임감의 무게는 겪어보지 않은 사람은 결코 실감할 수 없을 것이다.

그는 수업할 때면 눈빛이 열정적으로 변했고 경매 투자에 대한 마인드 또한 남달랐다. 어느 날은 1건도 아니고 무려 3건을 같은 날에 입찰하겠다고 말했다.

"만약 3개 다 낙찰받으면 어떻게 하실 거예요? 대책은 있어요?"

"모두 낙찰받으면 그때 가서 부딪히면서 해결하면 되죠!"

"그럼 명도는요?"

"명도야 하면 되죠. 돈 버는 일인데 그걸 왜 못해요!"

1년 365일을 출근하면서 '만근이'라는 별명을 얻을 정도로 누구보다 열심히 일해 온 평범한 50대 직장인이, 20대 청년 못지않은 패기에 가득 차 답하는 모습이 지금도 생생하다. 어떤 어려움이든 몸으로 부딪쳐 해결해온 경험이 이런 배짱과 열정, 자신감을 만든 것이 아닐까.

결국 다크헌터 님은 그 3건 중 1건을 낙찰받았다. 지금도 여전히 낮에는 직장생활을 하며, 틈틈이 경매에 입찰하러 다닌다.

다크헌터 님의 이 말이 머릿속에서 잊히지 않는다.

"김코치 님, 이번엔 연속 9번 물 먹었어요. 그렇지만 계속해야죠! 저는 될 때까지 할 겁니다. 계속하면 한 번은 낙찰받겠죠!"

그의 말에 경매로 부자가 되는 방법이 들어있는 것 아닐까?

✉ 경매회사에 취직했다는 마음으로

1997년 초부터 대기업의 연쇄 부도 사태가 시작됐습니다. IMF 외환위기가 온 것입니다. 당시 저는 32살이었고, 두 딸과 아내를 책임져야 하는 가장이었습니다.

IMF를 겪어본 사람들은 그때가 얼마나 힘들었는지 알 것입니다. 아니, 그저 '힘들다'라는 말로는 다 표현할 수 없습니다. 저 역시도 정리해고와 고용 한파에서 벗어날 수 없었습니다. 3년간 주야를 가리지 않고 주말도 없이 일하여 회사 사람들에게 '만근이'라는 별명까지 얻었던 저인데, 하루아침에 회사가 부도나자 그간 성실하게 일해왔던 날들이 통째로 부정당하는 듯한 현실이 다가왔습니다. 어느 날 일을 마치고 집에 돌아오니 편지 한 통이 와있었습니다. 집을 장만하기 위해 은행에서 대출받은 돈 2200만 원을 지금 당장 갚으란 것이었죠. 만약 일시불로 갚지 않으면 연 15% 이자를 내라는 내용이었습니다.

정말 막막했습니다. 급한 마음에 사방팔방 알아보았지만 대출 상담은커녕 문전박대당하기 일쑤였고, 부도난 회사에서는 월급이 제때 나오지 않아 한 달 벌어 먹고살기조차 힘들었습니다. IMF 때라 주위에 돈 빌리는 것도 쉽지 않았습니다. 어쩔 수 없이 들어 놨던 적금이니 보험이니를 모두 해약하고, 자동차까지 처분해 생활비로 충당했으나 그마저도 모자라 집을 팔고 은행 빚을 청산했습니다. 너무 억울한 마음에 한동안은 술과 인터넷 게임에 빠져 폐인처럼 지냈습니다.

그때부터 돈에 대한 선입견이 생겨, 앞으로 절대 은행 빚을 지지 않겠다고 다짐하고 또 다짐했습니다. 그 이후로 한 번도 은행에서 대출을 받은 적이 없습니다.

이후 회사가 조금씩 정상화되면서 다시 열심히 뛰며 일하다 보니 잃어버렸던 내 집도 다시 생기고 은행에 예적금으로 이자도 받게 되었습니다. 그리고 20년의 세월이 지나 두 딸도 결혼하여 출가시키고 어느 정도 종잣돈도 마련했습니다. 어느덧 정년퇴직이 코앞으로 다가왔습니다.

퇴직하면 뭐 할래?

그때쯤 같은 회사에 다니다가 먼저 퇴직한 선배의 말이 계속해서 내 머릿속을 맴돌았습니다.

"퇴직 후에도 다른 일을 계속해야 하는데, 내가 할 수 있는 일이 아무것도 없어."

'나는 퇴직하면 어떻게 될까? 내가 할 수 있는 일이 과연 있을까? 앞으로 20~30년은 더 살아야 하는데……. 지금부터 무엇을 해야 하지? 자격증을 따볼까? 대형면허가 있으니 덤프트럭을 몰아볼까? 지게차 자격증 있으니 물류회사에 취직할까?'

오만 잡동사니 생각이 스쳤으나 결국 결론을 내리지 못한 채 세월만 흘러보냈습니다. 일상에 안주하는 반복적인 생활에 만족하며 살던 어느 날, 일 년에 한 번 사내 모임에서 생일선물로 주어지는 도서상품권을 사용하기 위해 서점에 들렀습니다. 한참을 둘러보며 여러 책을 들 춰보다 경매 서적에까지 손길이 닿았습니다. 몇 페이지 읽다 보니 문 득 10여 년 전 회사 동료가 "우리 경매 한번 해볼래?"라고 했던 말이 생각나더군요.

지난 일이지만 만약 그때부터 경매를 했으면 어땠을까 하는 생각이 들었습니다. 그렇게 몇 권 사서 읽기 시작한 경매 책 중 하나가 저자의 《김코치경매》였습니다. 경매라고 해서 어렵거나 이론 중심일 줄 알았 는데 이 책은 생각한 것보다 딱딱하지 않고, 저자의 인생과 좌충우돌 경매 경험담이 솔직 담백하게 담겨 있어 시간 가는 줄 모르고 읽었습 니다. 20여 년 전에 읽은 《우리들의 일그러진 영웅》이후 책 한 권을 하루만에 다 읽은 것은 처음이었습니다. 그만큼이나 감동적으로 다 가왔습니다.

책을 다 읽었을 때, '찾았다! 이거야, 분명히 투자할 가치가 있겠어. 한 번 해보자!'라는 설렘과 확신이 생겨났습니다. 그리고 그날 바로 김코 치에게 연락했습니다.

내 인생의 제2막, 다시 만난 티핑 포인트

김코치와 처음 만난 날에는 장맛비가 억수처럼 쏟아졌습니다. 스터디 룸에서 만났을 때의 첫인상은 도무지 어려움이라곤 모르고 자라온 듯 순해 보였습니다. 이런 분이 바닥까지 경험하며 어렵게 살았다니,

믿기지 않았죠.

그렇게 시작된 첫 수업 3시간이 정말 빠르게 지나갔습니다. 김코치의 열정적인 수업은 거침없는 불도저처럼 제 마음을 깨끗하게 밀더니 경매로 꽉 차게 만들어 놓았습니다. 투자금액부터 물건 종류까지 맞춤 가이드를 받은 후, 저는 경매가 이후 나의 평생 직업이 될 수도 있으며 이 수업이 내 인생의 큰 터닝포인트가 되리라 확신했습니다. 이후 열심히 공부하며 권리분석, 임장, 입찰, 낙찰, 명도 등에 대해 배우고 과제도 하면서, 자신이 변화되어 가는 것을 점점 느꼈습니다.

5주 차 수업이 끝난 후, 그동안 배운 것을 토대로 3개의 아파트에 입찰을 해보기로 했습니다.

"드디어 나도 첫 경매로 법원에 입찰하러 가는구나!"

입찰하기 전 3개 물건 모두 권리분석, 임장 그리고 시세분석까지 나름 만반의 준비를 했지만 '입찰가'라는 복병을 마주하고선 고민을 안 할 수가 없었습니다.

김코치와 사전에 입찰할 물건에 대해서 입찰가격까지 상의한 터였지만, 법원에 입찰하러 가는 전날까지 저를 괴롭혔습니다. 첫 입찰이긴 했지만 3개의 아파트를 모두 다 낙찰받고 싶었습니다. 제가 매우 잘 아는 지역이고 임장을 다녀온 후 더 확신이 들었기 때문입니다. '만약 3개 다 낙찰받으면 그 후에 처리해야 할 일들은 그때 가서 부딪히면 되리라, 세상에 해결 못 할 일은 없다'라는 생각에 눈 딱 감고 밀어붙이기로 했습니다. 어디서 이런 대범함이 나왔는지 저 자신도 모를 일입니다.

입찰하기 전에 구경삼아 경매가 어떻게 이루어지는지 경매법정에 가서 직접 눈으로 보았고, 임장을 포함한 시세분석까지 모든 준비를 마쳤습니다. 이제 실전에서 승리의 기쁨만 만끽하면 될 터! 첫 법원 나들이는 제게 신선한 충격을 안겨 주었습니다. 이렇게 수많은 사람들이 경매에 뛰어들고 있는지 몰랐기 때문입니다. 10년 전에, 아니 5년 전, 3년 전에 시작했다면 지금 나의 삶은 어떻게 바뀌었을까요? 앞으로는 경매라는 끈을 놓지 말아야겠다는 생각이 들었습니다. 돈이 모이는 곳에 사람이 모인다고 했는데 그 말이 딱 맞는 것 같았습니다.

비록 경매는 비록 1등에게만 기회가 가지만, 중도에 포기하지 않는다면 언제고 1등 할 수 있는 기회의 장場입니다. 먼저 나가떨어지지만 않으면 앞으로도 수백, 수천, 수만 개의 물건이 나를 기다리고 있습니다. ─이론으로 아는 이야기이지만, 그날 법정에 모여 있는 수많은 사람을 보자 실감이 되었습니다.

첫 법원 구경을 끝낸 후 대망의 입찰일이 왔습니다. 당돌한 자신감으로 입찰함에 입찰 봉투를 3개 넣고, 경매법원 밖으로 나와 마치 베테랑처럼 태연하게 커피 한잔을 하며 여유 있게 개찰 시간을 기다렸습니다.

첫 낙찰의 기쁨과 짜릿함

낙찰을 한 번이라도 받아본 사람이라면 첫 낙찰의 기쁨과 짜릿함을 결코 잊을 수 없을 것입니다.

"11시 40분!"

개찰한다는 방송이 들려왔습니다. 담담한 마음으로 경매 법정에 입장했습니다. 사건 번호 순서에 맞춰 낙찰 및 패찰에 희비가 갈렸고, 드디어 나의 첫 입찰 건이 진행되었습니다. 아뿔싸! 첫 번째 물건은 패찰이었습니다. 그래도 아직 두 건이 남았으니 기다려볼 일입니다.

그런데 두 번째 물건도 패찰이었습니다. 잠시 머릿속이 멍해지더니 김코치의 얼굴이 떠올랐습니다. 누구보다 열정적으로 가르쳐 주었는데 실망하게 할까 봐 화가 치밀어 올랐습니다. 곧 마음을 다시 가라앉히고 마지막인 세 번째 물건만을 기다렸습니다.

사건 번호가 가까워질수록 점점 불안하고 초조했습니다. 드디어 제 사건 번호가 불렸는데, 다행히도 저를 포함해서 두 명이 입찰했습니다.

"한 명만 이기면 된다. 한 명만!"

그처럼 간절히 기도해 본 것은 정말 오랜만이었습니다. 마침내 최고가매수신고인(낙찰자)으로 제 이름이 호명되는 순간, 밖으로 표현은 못했지만 정말 큰소리를 지르고 싶었습니다.

이후 명도를 진행하면서도 감을 잃지 않기 위해 2주에 3~4번씩 법원에 입찰을 다녔습니다. 첫 낙찰 이후에는 9번이나 패찰을 맛보았습니다. 그럼에도 경매의 매력과 즐거움에 점점 더 빠지게 되었고 계속 공부하면서 부동산을 보는 안목도 조금씩 높아지는 것을 느끼게 되었습니다.

내게 중요한 것은 오늘이 아닌, 5년 후의 내 모습

낙찰받은 물건의 명도가 시작되었습니다. 김코치가 알려준 '명도의 5가지 기술'을 몸소 실천하기 위해 아침에 채무자를 만나러 갔습니다. 아파트 현관에 도착해서 여러 번 초인종을 눌렀지만 인기척이 없습니다. '혹시 이 사람이 나를 피하는 걸까? 아니면 법으로 진행하자고 하는 건가?' 현관문에 연락을 달라는 메모와 함께 내 명함을 붙이며, 머릿속에 별의별 생각이 다 들었습니다. '힘든 과정이 되겠구나'라는 생각이 들기 시작했습니다. 그러나 사실은 일어나지도 않은 일에 대한 기우에 불과했습니다. 평일 오전에 찾아갔으니 아무도 없는 것이 당연했던 것이죠.

다음 날 오후, 채무자에게 연락이 왔습니다. 당장 이사할 여력이 없으니 월세로 계약하고 살면 안 되겠냐고 합니다. 앞으로 진행 상황을 이야기하고 "저는 목돈이 필요하니 전세로 계약하면 좋겠습니다. 안 되면 이사 준비하시고 날짜 잡으시면 연락 주세요"라고 말했습니다. 그리고 일주일 정도 지났을 때 채무자에게서 다시 연락이 왔습니다.

다른 집과 월세 계약을 맺었는데 이사 날짜가 지금부터 한 달 보름 정도 남았다며, 그때까지 편의를 봐달라고 부탁하는 것이었습니다. 매몰차게 거절하고 약속된 날짜에 무조건 이사하라고 말하고 싶었지만, 곧 마음이 약해져 고민이 되었습니다. 채무자도 잘살아 보려고 사업을 하다 여의치 않아 빚을 떠안게 되고, 마지막엔 살던 집까지 경매로 넘어갔으니 오죽 답답했을까요?

더군다나 채무자가 자신이 처해있는 상황을 수긍하고 먼저 도움을 요청하니, 첫 명도치곤 나쁘지 않다는 생각이 들었습니다. 일단 "지금 바로 결정할 사항이 아니니 추후 연락을 드리도록 하죠!" 하며 두 번째 통화를 끝냈습니다.

그러던 중 법원에서 대금 지급 기한까지 매각대금을 내라는 통지서가 왔습니다. 일주일 후 잔금을 치르고 소유권 이전까지 일사천리로 일을 마무리했습니다. 대출 없이 전액 내 돈으로 잔금을 냈기 때문에 셀프 등기가 가능했습니다. 만약 대출을 받는다면 해당하는 법무사에서 등기해야 합니다.

잔금 납부를 끝내고 경매의 꽃이라는 명도도 이제 끝내야 할 것 같아 채무자에게 연락했습니다. 한 달 보름간 조건 없이 살기로 하고, 임대차 계약서를 확인하는 것으로 마무리 지었습니다. 실제로 채무자는 이사 날에 명도의무를 이행하고 조건 없이 이사했습니다. 이것으로써 점유자와 나와의 인연은 끝이 났습니다. 임장부터 낙찰, 명도 마무리까지 한 텀을 진행하며 제대로 된 경매의 묘미를 알게 되었습니다.

요즘도 저는 임장을 다니며, 경매와 부동산 투자에 필요한 실무와 이론, 세금을 공부하고 계속해서 투자하고 있습니다. 여전히 연속된 패찰과 낙찰이 반복되지만, 제가 바라보는 것은 '은퇴한 미래의 나 자신'이기 때문에 오늘도 경매장 문을 두드립니다.

앞으로 퇴직이 5년도 채 남지 않았지만 걱정하지 않습니다. 경매라는 제2의 직업이 생겼기 때문입니다.

마지막으로 이 글을 쓰면서 자신에게 물었습니다.

'한 살 더 먹기 전에 경매에 도전할 수 있을까? 현재 생활에 만족하다가 후회하지 않을 자신이 있는가? 나의 인생 한 페이지에 경매로 부자가 되었다고 자신 있게 말할 수 있을까? 흙수저로 태어났지만, 금수저로 죽을 수 있을까?'

그리고 대답했습니다.

"앞으로 후회하지 않는 인생을 살 수 있다! 나는 할 수 있다. 왜냐하면 끝까지 포기하지 않을 테니까!"

서른셋 직장인, 부자 시스템을 구축하다

●● 나의 제자 중 70~80%는 경매를 전혀 모르거나 부동산 투자를 제대로 해본 경험이 없는 분들이다. 지금부터 소개할 장쌤 님은 후자에 속한다. 33살의 학원 강사인 장쌤 님은 나와 만나기 3개월 전에 다른 부동산 카페에서 진행하는 경매 기본반 수업을 들었다고 했다. 이야기를 나눠보니 재건축아파트에 투자한 경력이 있고, 그 외에 아파트 투자 경험이 있었다. 미래의 꿈을 묻자 "지금은 입시 강사지만 투자 경력이 쌓이면 부동산 분야 강사에 도전하고 싶어요"라는 답이 돌아왔다. 그러면서 빨리 종잣돈을 모으기 위해 주말에도 학원에서 강의를 한다고 덧붙였다.

확실히 다른 곳에서 수업을 들은 데다 투자 경험도 있어서인지, 이해력도 빠르고 진도도 빨리 나갔다. 하지만 경매는 낙찰이 가장 중요하다. 이론을 아무리 잘 알아도 결과가 없으면 소용없다. 투자 공부에는 이론과 실전, 두 가지가 모두 중요하다. 실제 투자는 하지 않고 이론만 배운다면 시간 낭비이다. 그런 면에서 장쌤 님은 남들보다 빠른 투자 공부를 하고 있었다. 몇 년 전부터 부동산에 관심을 두고 종잣돈을 모으며, 재건축 아파트 투자를 시작했기 때문이다.

지금 몇 살이며 얼마나 갖고 있느냐가 중요한 것이 아니라 이미 시작했는지 아직 망설이는지의 차이가 중요하다. '오늘'이 먼 훗날 '그때 시작했더라면 내 인생이 바뀌었을 텐데'라고 후회할 바로 그 날일지 모른다.

장쌤 님과 만날 때면 가끔 예전의 나를 보는 듯한 기분이 들었다. 연봉이 1억을 넘는데도 그 흔한 자동차 하나 없다. 왜 아직도 차를 안 사느냐고 물어봤더니 장쌤 님은 "차 살 돈을 아껴서 부동산에 투자하려고요. 직장이 걸어서 10분 거리라 당장 차가 필요하지도 않고요"라고 답했다.

나도 종잣돈을 모으기 전까지는 그랬다. 내 지인 중 건물만 3채를 가졌고 부동산 재산만 20억 원이 넘는데도 차는 10년 전 i30를 타는 분이 있다. 주위에서 하도 뭐라 하니 그제야 그랜저 한 대를 현금으로 샀을 뿐이다. i30는 부동산 임장하러 다닐 때 탄다며 아직도 팔지 않고 있다.

장쌤 님도 소득 수준만 보면 충분히 좋은 차를 탈 수 있으나, 그 돈을 아껴 미래에 투자하고 있다. 지금은 4천만~5천만 원 정도지만 훗날 부동산 투자로 인해서 얼마나 큰 가치로 돌아올지 모르기 때문이다. 사람마다 삶의 가치관과 생활방식이 다르므로 어느 것이 옳다고 이야기할 수는 없다. 그러나 투자하는 입장에서 보면, 장쌤 님의 사고방식이 부자가 돈을 모으는 사고방식과 유사하다.

한 날은 장쌤 님으로부터 대구에서 올라와 서울에서 생활하며, 어떻게 종잣돈을 모으고 지금의 연봉을 받게 되었는지 들었다. 엄청난 노력과 의지가 없었다면 불가능한 이야기였다. '사람마다 겉으로 보이는 모습과 내면의 힘은 완전히 다르구나'를 장쌤 님을 보면서 다시 한번 느꼈다.

부모님 도움 없이 시작한 서울 생활, 스스로 일을 찾아 돈을 모으고 투자자가 되기까지 일련의 이야기를 들어보자. 이제 서른 초반인 장쌤 님의 이야기가 비슷한 처지의 독자분들에게도 큰 영감을 주리라 믿는다.

✉ 남들처럼 살아서는 남만큼밖에 살 수 없다

어린 시절, 아버지는 택시 운전을 하셨고 어머니는 매일 새벽 4시 반에 일어나 출근하셨습니다. 제가 초등학생이던 때, 누나는 고등학생이었는데 공부를 제법 잘했는데도 집안 형편이 도와주질 못했습니다. 부모님의 말씀이 아직도 머릿속에 맴돕니다.

"서울대나 연고대가 아니라면 서울로 대학 갈 생각은 절대로 하지 말아라."

중학교 때는 친구들이 입고 다니는 유명 브랜드 패딩이 어찌나 부럽던지, 나도 한번 입어보고 싶었습니다. 하지만 부모님께 차마 사달라는 말을 꺼낼 수는 없었습니다. 힘든 집안 경제 사정을 알고 있었기 때문입니다. 이때부터 저는 다짐했습니다.

"나는 커서 반드시 부자가 될 거야."

집안 형편상 전액 장학금을 주는 대학을 선택했고, 그렇게 서울 소재의 대학으로 진학하며 타향살이가 시작되었습니다.

서울이라는 곳은 정말 신세계였습니다. 스무 살 이전까지 살던 대구에는 당시 지하철이 1호선 하나만 개통되어 있었는데, 서울의 지하철 노선도는 한눈에 들어오지 않을 만큼 복잡했던 것입니다. 놀란 한편 이런 생각도 들었습니다.

'이곳이라면 나에게 더 많은 기회가 주어지지 않을까?'

그러다 우연히 학원에서 처음 조교로 아르바이트를 시작하게 되었습니다. 용돈을 벌려고 시작했는데 학생들을 가르치는 일이 너무나 재미있었습니다. 자연스럽게 학원 강사의 길이 눈에 들어오기 시작했습니다. 능력에 따라 돈을 벌 수 있다는 점 또한 매력적이었습니다.

"남들처럼 평범한 회사에 취직하면, 결국 평범한 삶을 살게 되지 않을까?"

솔직히 돈을 많이 벌고 싶고 부자가 되고 싶었습니다. 그런데 회사에 취직하는 것이 과연 정답일까? 오랫동안 고민하다가 결국 학원 강사를 제대로 한 번 해보자는 다짐이 섰습니다. 그렇게 전 학원 강사가 되었고 현재까지 학생들을 가르치는 일을 하고 있습니다.

부동산의 부자도 모르던 내가 투자에 뛰어든 사연

'월화수목금금금', 저의 평소 강의 스케줄입니다. 주말에는 다른 학원에서 수업합니다. 흔한 말로 투잡을 뛰고 있습니다. 이렇게까지 하는 이유는, 좀 더 빨리 돈을 모으기 위해서입니다. 학생 시절에도 '놀면 뭐 해? 돈이나 벌어야지'라는 생각이 강했는데 지금도 마찬가지입니다.

학원 강사로 일하기 시작한 후, 저는 정말이지 악착같이 돈을 모았습니다. 친구들은 이미 차도 사고 이런저런 것들에 소비할 때 저는 돈을 조금이라도 더 모으려고 꼭 필요한 지출이 아니면 돈을 쓰지 않았습니다. 옷을 산 적이 언제인지 잘 기억 나지 않을 정도입니다. 혹시라도 스스로 소비를 절제하지 못할까 봐 월급날 바로 정기적금 통장에 급여 일부분이 자동이체되게 해두었고, 1년마다 적금 만기가 되면 새로운 정기적금 통장을 만들곤 했습니다.

하지만 이때까지도 부동산에 대해서는 전혀 관심이 없었습니다. 부자가 되고 싶다는 생각으로 적금만 열심히 넣었지 재테크에 대해서는 아무런 정보도 없었던 것입니다. 이처럼 부동산에 '부' 자도 모르는 제게 누나가 이런 정보를 알려주었습니다.

"○○시에 재건축 예정인 아파트가 있는데 얼마 전에 부동산 전문가인 모 씨가 그 단지 아파트를 매수했다고 하더라."

그 말을 듣자 한번 구경이나 해보자는 마음이 들었습니다. 부동산에 대해 아는 것은 전혀 없었지만 무작정 근처 부동산으로 찾아갔습니다. 내가 가진 돈으로 매수가 가능한 것인가에 대한 고민은 나중 문제였습니다. 일단 부동산에 찾아가 재건축 아파트에 대한 브리핑을 듣고, 자금 문제에 관해서도 그 자리에서 상담했습니다. 그렇게 아무것도 모르는 채로 처음 부동산 투자를 했고, 재건축 아파트의 조합원이 되었습니다. 지금 생각해보면 정말 아찔한 경험입니다. 부동산 문외한인 이 스쳐 들은 정보로 지나치게 과감한 결정을 내렸던 것입니다. 그러나 반대로 그 덕분에 고민하고 망설이는 과정을 생략하고 부동산 투자에 즉시 뛰어들 수 있었습니다.

투자라는 게 생각만 깊게 하고 이론만 판다고 되는 게 아닌 것 같습니다. 물론 기본적인 공부는 필요하지만, 공부 그 자체로 돈을 벌 수는 없습니다. 죽이 되든 밥이 되든, 행동해야 결과를 확인할 수 있습니다.

근로소득은 자본소득을 이길 수 없다

이렇게 재건축 아파트를 매수하고 나서도 부동산에 크게 관심을 두지는 않았습니다. 다만, 전세를 끼고 매입한 아파트이기에 이주가 시작되기 전 세입자의 전세금을 마련해둬야겠다는 생각으로 또다시 종잣돈 모으기에 돌입했습니다. 지금 돌이켜보면 차 한 대 사지 않고 악착같이 돈을 모은 것이 제가 지금까지 한 행동 중 가장 잘한 일이 아닌가 싶습니다. 남들이 편하게 즐길 때 전 허리띠를 한 번 더 졸라맸고, 그 결과 2년 만에 세입자에게 내줄 전세금을 모을 수 있었습니다.

그러던 중 재건축이 차례차례 진행되기 시작했습니다. 관련 뉴스를 보기 위해 포털 사이트에서 아파트 단지 이름을 검색해 보았습니다. 그때 처음으로 네이버에 뜨는 매물을 확인하고서야 집값이 몇 년 만에 1억 5천만 원 이상 오른 것을 알았습니다.

'무려 1억 5천이라니, 내가 10년 넘게 한 푼도 쓰지 않고 모아도 불가능한 금액이 아닌가?'

이때 뼈저리게 깨달았습니다. 근로소득은 자본소득을 이길 수 없다는 것을, 그리고 단순히 일만 해서는 부자가 될 수 없다는 것을.

독학으로 시작한 공부, 그리고 연이은 패찰

부동산 공부의 필요성을 느낀 후부터 부동산 관련 책을 읽기 시작했습니다. 자연스럽게 경매 관련 서적도 접하게 되었습니다. 이후로 경매와 관련된 책을 닥치는 대로 샀고, 무슨 말인지 이해하지 못해도 계속 읽어나갔습니다. 반복해서 보다 보니 조금씩 이해되기 시작하여 독학으로 기본적인 권리분석은 가능한 수준이 되었습니다. 얼마 후부터는 첫 낙찰을 받기 위해 매일 물건을 검색했습니다. 학원 일과 경매 공부를 동시에 하기 쉽지는 않았지만, 부자가 될 수 있다는 생각에 몸이 힘든지도 몰랐습니다.

주로 현재 거주지인 안양을 중심으로, 군포와 산본 일대 아파트를 검색했습니다. 그러던 중 물건 하나가 눈에 띄었는데 안양 평촌 지역에서도 학군이 좋아 정말 인기가 좋은 아파트였습니다. 더불어 평촌 학원가까지 인접하여 실수요가 많은 아파트라 무척이나 탐났습니다. 소유자가 점유하고 있어 권리상으로도 크게 하자가 없어 보였습니다.

저는 이 탐나는 물건을 얻으려면 과연 얼마를 입찰가로 제시해야 할 것인가 고민에 빠졌습니다. 우선 인근 부동산에 들러서 근래 분위기와 시세를 물어본 뒤, 관리사무소에 들러 체납관리비를 확인했습니다. 체납된 관리비는 얼마 되지 않았습니다. 중요한 건 시세가 최저가에 비해 훨씬 더 높은 상태였다는 점입니다. 감정 시점이 경매 매각 기일 10개월 전에 이뤄진 터라 그 사이 시세가 오른 것입니다. 이 사실을 알고 난 뒤 더 심장이 뛰기 시작했습니다.

"그래! 이 물건, 꼭 내가 낙찰받을 거야!"

입찰 당일, 은행에서 보증금 수표를 찾아 일찌감치 법원으로 향했습니다. 낙찰가는 어느 정도 염두에 두고 법정에 갔지만, 섣불리 정하질 못하고 마지막까지 고민했습니다. 진심으로 낙찰받고 싶은 마음을 담아 입찰최저가인 4억 3천만 원에서 4천만 원을 더 올려서 4억 7천을 적었습니다. 시세가 5억 원 정도 하는 물건이었습니다. 첫 입찰이라서 그런지 입찰표를 작성하는데도 심장이 떨렸습니다. 숫자만 적으면 되는데 이게 뭐라고.

그리고 드디어 제가 입찰한 물건의 사건 번호가 불렸습니다. 입찰자는 무려 20명으로, 1등은 최저가의 116%를 쓴 사람이었습니다. 그는 부동산에 나와 있는 매물과 별 차이가 없는 가격으로 낙찰을 받아갔습니다. 그렇게 첫 입찰은 끝이 났습니다.

이후에도 여러 번 입찰하였으나 번번이 패찰했습니다. 계속해서 패찰하면서 제가 입찰했던 물건들을 돌이켜보니, 떨어질 만한 물건에 떨어질 만한 가격으로 입찰하고 있었음을 깨달았습니다. 계속 이런 식으로 접근하다가는 한 건도 낙찰받지 못하고 경매시장을 떠나게 될 것만 같았습니다.

공매에서 찾은 새로운 기회

공매에 관한 내용도 접한 적이 있었지만, 주어지는 정보가 경매에 비해 부족하고 명도가 어렵다는 사실 때문에 관심을 크게 두지는 않았습니다. 하지만 역으로 '다른 경쟁자들도 나와 비슷한 생각을 가지고 있지 않을까'라는 생각이 들더군요. 그렇다면 경매와 비교해서 공매가 좀 더 경쟁력이 있을 거라는 판단이 섰습니다.

즉각 온비드 사이트에 회원가입을 하고 범용공인인증서를 등록했습니다. 그러고 나서 익숙하지 않지만 매물을 검색하기 시작했습니다. 그러던 중 눈에 띄는 물건을 하나 발견했습니다. 대구의 중소기업은행 소유 비업무용 자산아파트이었습니다. 담당자 번호로 전화해서 확인하니 지금 현재 공실 상태이며, 중소기업은행에서 합숙소로 쓰던 아파트라고 합니다. 45평의 큰 평수라 매매사업자가 들어오지 못할 것으로 판단했습니다. 부동산 시세는 최저가보다 훨씬 높게 형성되어 있었습니다. 아무래도 합숙소로 이용했기 때문에 수리가 필요할 것으로 예상되어 최저가에서 조금만 올려서 입찰했습니다.

경매는 그 자리에서 바로 입찰 결과를 알 수 있지만 공매는 조금 다릅니다.

공매는 매주 월요일부터 수요일까지 입찰할 수 있고, 목요일 11시쯤에 결과를 알 수 있습니다. 그래서 입찰 후 결과를 알기 위해서는 목요일이 되기까지 기다려야 합니다. 결과를 기다리는 일도 흥미롭습니다. 로또를 사 놓고 추첨 날을 기다리는 기분이랄까요?

목요일 오전에 강의를 하고 있는데 자산관리공사로부터 축하문자를 받았습니다. 낙찰을 알리는 문자였습니다. 최저가의 103%를 쓴 제가 낙찰을 받게 되었습니다. 1차에 4명이 들어와 1명은 무효가 되었고 나머지 2명을 이긴 것입니다. 이렇게 해서 경매가 아닌 공매로 드디어 첫 낙찰의 기쁨을 느끼게 되었습니다.

투자하면서 배운 3가지 교훈

이렇게 저는 부동산 경·공매 투자를 시작했습니다. 지금도 여전히 부동산 투자를 하고 있습니다. 그리고 열심히 다음 물건에 투자할 종잣돈을 모으고 있습니다.

저 역시 부동산 투자를 시작한 지 오래되지는 않았지만 투자에 관심이 있거나 시작하려는 분들에게 제 경험이 조금이나마 도움이 되었으면 좋겠습니다.

지금껏 투자를 하며 느낀 점이 있습니다. 첫째, 종잣돈이 가장 중요합니다. 앞서도 이야기했듯 저는 일하기 시작하면서부터 종잣돈을 모으기 위해 정말 악착같이 저축했습니다. 그랬기에 기회가 주어졌을 때 즉시 투자할 수 있었고, 부동산 투자의 첫걸음을 뗄 수 있었습니다. 남들처럼 쓸 거 다 쓰면서는 종잣돈 모으기가 힘들 것입니다. 아무리 좋은 투자처가 있고 기회가 와도 돈이 없다면 아무것도 할 수 없기 때문입니다.

둘째, 부동산 투자에서는 때로 과감한 행동력이 필요합니다. 저는 경매뿐 아니라 갭투자, 재건축아파트 매매, 분양권 매수 등 여러 가지 투자를 경험했습니다. 이렇게 다양한 분야의 투자를 할 수 있었던 건 무엇보다도 과감한 행동력이 머릿속 고민을 앞섰기 때문이라 생각합니다. 사람들은 투자 공부를 다 마친 후에야 실천하려는 경향이 있습니다. 하지만 공부는 끝이 없으며, 그렇게 해서는 기회를 빠르게 붙잡을 수 없다는 게 제 생각입니다. 책에서 얻는 것보다 직접 경험하여 알게 되는 것이 더욱더 많기에 확신이 선다면 즉시 행동에 옮겨 투자하길 권합니다. 한 건이라도 낙찰받고 투자해보면 책에서 읽은 것보다 더 많은 것을 느끼고 배울 수 있습니다. 저 또한 책에서 배운 것보다 투자하면서 배운 것이 훨씬 많았습니다.

마지막으로 부동산 투자의 세계를 끝까지 떠나지 말라고 이야기하고 싶습니다. 많은 사람이 경매가 돈이 된다고 생각하여 발을 디딘 뒤, 몇 번의 패찰 이후 포기합니다. 몇 년 전에도 그랬고 지금도 여전합니다. 그러다 또다시 몇 년이 지난 후 경매를 기웃거리거나 부동산 투자를 고민합니다. 차라리 중간에 포기하지 말고 계속했으면 어땠을까요?

무엇이든 달콤한 열매를 맺기 위해서는 시간에 투자할 수 있어야 합니다. 그리고 그 시간을 견딜 수 있어야 합니다. 이게 투자자로서 가장 중요한 마음가짐이라고 생각합니다. 중간에 포기해 버려서야 아무것도 얻을 수 없습니다. 원하는 것을 얻을 때까지 끝까지 참고 버틸 수 있다면 누구나 부자가 될 수 있다고 믿습니다. 이 글을 읽는 독자분들도 끝까지 살아남아 부자가 되는 기쁨을 느끼길 진심으로 바랍니다.

PART 04

시작하는 투자자를 위한 부동산 투자 성공 법칙

당신을 부자로 만들어줄
실전투자 시크릿

부동산, 정책을 알아야 돈이 보인다

9.13 부동산 정책에
따른 투자 방향

●● 최근 9.13 부동산 종합 대책이 발표되었다. 이와 관련해서 '집값이 너무 올랐다, 부동산 정책이 지나치다, 서민들이 집을 사기가 더 어려워졌다, 집값은 투기세력 때문이다' 등등 저마다 의견이 난무하다. 만나는 사람마다 관심은 오직 부동산뿐인 것처럼 느껴질 때도 있다. 이처럼 정부에서 부동산 정책을 한 번 발표할 때마다 온 나라가 시끄럽다.

부동산은 국민 생활 주거 안정과 특히 밀접한 문제라 어쩔 수 없는 일이기도 하다. 지금껏 모든 정부가 부동산 정책을 발표했으며, 부동산 가격에 매우 민감하게 반응해왔다. 대한민국에서는 집값을 잡는 것이 일자리 창출과 더불어 정부가 해야 할 일 1순위일지도 모른다. 과연 집값을 잡을 수 있을지는 의문이지만 말이다.

정부의 부동산 정책에는 규칙이 있다. 경기가 활성화되고 부동산 시장이 과열 조짐을 보이면 부동산 규제 정책을 내놓고, 경기가 안 좋아지거나 부동산 시장이 침체했다고 판단되면 규제를 풀면서 완화 정책을 내놓는다부동산은 국내경제와 아주 밀접한 관련이 있어서 부동산 규제를 풀어서 내수를 활성화하고 돈을 쓰게 만든다.

이러한 정부의 정책 방향은 투자 시 고려해야 할 1순위이며, 투자 결정에 가장 큰 영향을 미치는 요인 중 하나이다. 매번 정권이 바뀔 때마다 정책이 바뀌는 터에 투자자 입장에서는 혼돈이 생기기도 하지만, 반대로 정부 정책을 잘 이용해야 한다.

정부의 정책과 반대로 투자하기는 어렵다. 그러므로 청개구리처럼 정부의 정책에 반하는 투자보다는 정책에 순응하며 유연성 있게 현명한 투자를 하는 것이 좋다.

규제에는 반드시 한도가 있다. 끝없이 규제할 수는 있는 것이다. 당김이 있으면 밀림이 있듯이, 어느 정도 시장이 안정화가 되면 완화 정책을 펼 수밖에 없으니 그 기회를 기다리면서 계속해서 투자하면 될 것이다. 그래서 부동산 투자에 관심이 있다면 정부의 정책 내용을 잘 알고 있어야 한다.

현 정부의 '9.13 부동산 정책'을 이해하기 쉽도록 요약 정리해 보았다.

 양도 소득세 —일시적 2주택 중복 보유 허용기간 단축

일시적 2주택자 비과세 요건을 강화하였다. 1세대 1주택자가 일시적인 2주택자이면 조정대상지역 내에서는 (3년이 아니라) 2년 이내에 매도해야 한다.

조정대상지역 일시적 2주택자, 양도세 비과세기준 강화 : 종전 3년 내 처분 → 2년 내 처분으로 변경

✓ **현행** 일시적 2주택자는 신규주택 취득 후 3년 이내 종전주택 양도하면 양도세 비과세
✓ **개정** 조정대상지역 일시적 2주택자조정대상지역에 종전 주택이 있는 상태에서 결혼이나 이사 등의 이유로 신규 주택을 취득해 일시적으로 2주택이 된 자는 신규주택 취득 후 2년 이내에 종전주택을 양도해야 양도세 비과세

 임대주택에 대한 과도한 세제혜택 조정

임대주택등록 활성화를 위한 정책으로, 준공공임대로 등록한 다음 8년 이상 임대하면 장기보유특별공제를 50%를 공제해 주고, 10년 이상 임대하면 장기보유특별공제를 70% 공제해준다장기보유특별공제. 또, 취득한 지 3개월 이내에 준공공으로 등록하여 10년 이상 임대하면 임대기간 동안의 양도세를 100% 감면받을 수 있다.

단, 지금까지는 준공공임대주택등록 대상 주택 요건에 가액이 없었으나 이번에는 가액이 추가되었다기존에는 면적만 85㎡, 수도권 밖 읍면지역은 100㎡ 이하면 가능했다.

가액기준이 <u>수도권은 6억 원, 비수도권은 3억 원</u> 이하여야 한다.

✓ **현행** 등록 임대주택 주거전용면적 85㎡ 이하, 수도권 밖 읍·면지역은 100㎡ 이하인 국민주택 규모 이하에 대해 양도세 감면

- 10년 이상 임대 시 양도세 100% 면제 : 2018년 12월 31일까지 취득하고 취득일부터 3개월 이내 임대 등록하는 분에 한해 적용받을 수 있다.
- 장기보유특별공제 50%(8년 이상~10년 미만 임대)
  70%(10년 이상 임대)

✓ **개정** 등록 임대주택 양도세 감면 요건으로 주택가액 기준 신설

- 임대개시 시 <u>수도권 6억 원·비수도권 3억 원 이하 주택</u>에 한해 적용

 조정대상지역 신규취득 임대주택 양도세 중과

2주택 이상 다주택 임대사업자의 경우, 앞으로 8년 준공공임대로 등록하더라도 조정대상지역에서는 중과세 제외를 하지 않고 오히려 중과한다. 즉, 앞으로 다주택자는 조정대상지역에서 장기임대등록을 해도 양도세 혜택을 받을 수 없다.

2주택자는 일반세율 +10%, 3주택자는 일반세율 +20%의 가산세가 중과된다. 하지만 전국 모든 지역이 아니고 43개 조정대상지역의 주택을 양도할 경우에만 해당된다.

Key Note

✔ **현행** 조정대상지역 다주택자가 8년 장기 임대등록 주택수도권 6억 원비수도권 3억 원 이하을 양도 시 양도세 중과 제외

✔ **개정** 1주택 이상자가 조정대상지역에 <u>새로 취득한 주택은 임대등록 시에도 양도세 중과</u>

  ● 2주택 : 일반세율+10%p

  ● 3주택 이상 : 일반세율+20%p

 조정대상지역 신규취득 임대주택 종부세 과세

기존에는 조정대상지역 다주택자가 8년 장기 임대등록을 마치고 양도하는 주택기준시가 수도권 6억 원비수도권 3억 원 이하에 대해서는 양도세 중과를 배제하였다. 그러나 앞으로는 1주택 이상자가 조정대상지역에 새로 주택을 취득하는 경우, 임대등록을 하더라도 양도세 중과를 피할 수 없다. 여기에 더하여, 8년 장기 임대등록한 주택의 경우 종전엔 종부세 합산이 배제됐지만, 앞으론 1주택 이상자가 조정대상지역에 새로 취득한 주택을 임대등록하더라도 종부세가 과세된다.

핵심정리 조정대상지역 내에 새로 취득한 주택은 8년 준공공임대로 등록하더라도 종부세를 합산 과세한다.

Key Note

✔ **현행** 8년 장기 임대등록한 주택 수도권 6억 원·비수도권 3억 원 이하에 대하여 종부세 비과세 합산 배제

✔ **개정** 1주택 이상자가 조정대상지역에 새로 취득한 주택은 임대등록 시에도 종부세 합산 과세

투기지역 및 투기과열지구

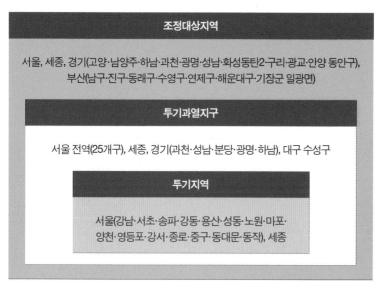

조정대상지역
서울, 세종, 경기(고양·남양주·하남·과천·광명·성남·화성동탄2·구리·광교·안양 동안구), 부산(남구·진구·동래구·수영구·연제구·해운대구·기장군 일광면)

투기과열지구
서울 전역(25개구), 세종, 경기(과천·성남·분당·광명·하남), 대구 수성구

투기지역
서울(강남·서초·송파·강동·용산·성동·노원·마포·양천·영등포·강서·종로·중구·동대문·동작), 세종

자료 : 기획재정부, 국토교통부

🔍 대출규제 강화

조정대상지역 내에 2주택자는 주택담보대출이 불가하며, 1주택자의 경우도 원칙적으로는 안 되지만 불가피한 경우라면 가능하다.
전세자금대출도 2주택자는 불가이며 1주택자는 부부합산 소득이 1억원 이하면 가능하다.

Key Note

✓ 투기지역·투기과열지구 내 주택을 담보로 하는 임대사업자 대출에 LTV 40% 도입 : 현재는 금융회사가 통상 60~80% 정도 수준의 LTV를 자율적으로 적용하고 있다. 그러나 이제 투기지역·투기과열

다주택자 주택구입 목적 시 지역별 LTV·DTI 비율 (단위 : %)

주택가격	구분		투기과열지구 및 투기지역		조정대상 지역		조정대상지역 외 수도권		기타	
			LTV	DTI	LTV	DTI	LTV	DTI	LTV	DTI
고가주택 기준이하 주택 구입시	1주택 보유 세대	원칙	0	—	0	—	60	50	60	없음
		예외	40	40	60	50	60	50	60	없음
	2주택 보유 세대	0	—	0	—	60	50	60	60	없음
고가주택 구입시	원칙		0	—	0	—	고가주택기준 이하 주택 구입 시 기준과 동일			
	예외		40	40	60	50				

자료 : 기획재정부, 국토교통부

지구 내 고가주택공시가격 9억 원 초과을 신규 구입하기 위한 주택담보대
출은 원천적으로 금지된다.

- 주택담보대출가계대출, 사업자대출을 이미 보유한 임대사업자의 경우,
  투기지역 내 주택취득 목적의 신규 주담대가 금지된다.
- 단, 주택취득 목적이 아닌 임대주택의 개·보수 등 운전자금 성격
  의 대출은 허용된다.

✔ 임대업대출 용도 외 유용 점검을 강화하여 정상적 대출은 원활히 지
  원하되, 사업활동과 무관한 대출금 사용을 방지한다.

- 건당 1억 원 초과 또는 동일인당 5억 원 초과 시 점검
- 임대차계약서, 전입세대열람원 등을 사후에 반드시 확인
- 용도 외 유용 시 대출금 회수 및 임대업관련 대출 제한최대 5년

📑 종합부동산세

주택 보유자의 95%는 종부세와 관련해 신경 쓸 필요가 없다. 아파트 시
가로 1주택은 18억 원, 다주택은 14억 원 이하면 과세 대상이 아니기 때
문이다. 시세가 대략 18억 정도의 아파트의 경우, 현재 종부세가 94만 원
에서 10만 원 늘어난 104만 원이다. 시세가 24억 원짜리 아파트의 경우,
종부세는 현 180만 원에서 290만 원으로 늘어난다. 종부세 3백만 원을
내는 경우 집값이 24억 원이라는 것이다.

종합부동산세 과세기준

과세표준 (시가)	현행	당초 정부안		수정안	
		2주택 이하	3주택 이상	일반	3주택 이상 & 조정대상지역 2주택
3억 원 이하 (1주택 18억 원 이하 다주택 14억 원 이하)	0.5%	현행 유지	현행 유지	현행 유지	0.6% (+0.1%p)
3~6억 (1주택 18~23억 원 다주택 14~19억 원)				0.7% (+0.2%p)	0.9% (+0.4%p)
6~12억 (1주택 23~34억 원 다주택 19~30억 원)	0.75%	0.85% (+0.1%p)	1.15% (+0.4%p)	1.0% (+0.25%p)	1.3% (+0.55%p)
12~50억 (1주택 34~102억 원 다주택 30~98억 원)	1.0%	1.2% (+0.2%p)	1.5% (+0.5%p)	1.4% (+0.4%p)	1.8% (+0.8%p)
50~94억 (1주택 102~181억 원 다주택 98~176억 원)	1.5%	1.8% (+0.3%p)	2.1% (+0.6%p)	2.0% (+0.5%p)	2.5% (+1.0%p)
94억 초과 (1주택 181억 원 초과 다주택 176억 원 초과)	2.0%	2.5% (+0.5%p)	2.1% (+0.6%p)	2.7% (+0.7%p)	3.2% (+1.2%p)
세부담상한	150%	현행유지		150%	300%

Key Note

✓ 3주택 이상 보유자 및 조정대상지역 2주택 보유자 추가과세

- **당초 정부안** 3주택 이상 보유자만 추가과세

- **수정안** 3주택 이상 보유자와 조정대상지역 2주택 보유자를 동일하게 추가 과세하되 현행대비 +0.1~1.2%p 세율 인상

* 과세기준일(2018. 6.1) 기준으로 조정대상지역 2주택자 대상

✓ 조정대상지역 외 2주택 및 고가 1주택에 대한 세율 인상
- **당초 정부안** 과표 6억 원시가 약 23억 원 이하 구간 현행세율 유지, 6억 원 초과 구간 +0.1~0.5%p 인상
- **수정안** 과표 3~6억 원 구간 신설 → 과표 3억 원시가 약 18억 원 이하구간 현행세율 유지, 3억 원 초과 구간 세율 +0.2~0.7%p 인상

✓ 세부담 상한 상향조정
- **당초 정부안** 현행 유지 전년도 재산세+종부세의 150%
- **수정안** 조정대상지역 2주택자 및 3주택 이상자는 150% → 300%, 1주택자 및 기타 2주택자는 현행150% 유지

✓ 임대사업자의 과태료 상향 : 주택임대사업자의 과태료가 5% 상한과 임대의무기간단기 4년, 준공공 8년을 위반할 경우 과태료를 건당 1천만 원에서 3천만 원으로 상향한다.
- **당초 정부안** 주택임대사업자의 임대료 인상 제한 등 임대조건 및 임대의무기간 내 양도금지 의무 위반 시 처벌수준이 낮아 규제의 실효성 부족
- **―처벌수준** 임대조건 및 임대의무기간을 위반하여 매각한 임대주택 건당 1천만 원 이하의 과태료 부과
- **개선** 임대조건 위반 임대 의무기간 내 양도 시 과태료를 임대 주택 매각 건당 1천만 원 이하 → 3천만 원 이하로 상향

  임대의무기간 미이행 시 양도세, 종부세, 임대소득세 등 세제혜택 환수

투자자는 항상 정부의 정책에 귀를 기울이고 있어야 한다. 왜냐하면 나의 투자방향과 수익률에 직접 연결되기 때문이다.

종종 부동산 정책 때문에 투자를 망설이는 사람들이 있다. 하지만 그렇게 고민할 필요는 없다. 다시 말하지만, 부동산 정책이 강화하면 강화되는 대로 투자하고, 완화되면 완화되는 대로 정부의 정책에 맞춰서 투자하면 된다. 나만 규제하고 다른 사람은 완화하는 것이 아니다.

자신이 어떻게 할 수 없는 것에 대해 부정적으로 생각하기보다는, 그 제도 안에서 스스로 최대한 할 수 있는 것을 하면 된다. 우리 힘으로 어찌할 수 없는 정책에 시간을 낭비하기보다는 투자에 좀 더 신경 쓰는 것이 현명한 투자자이다. 그래서 정부의 정책이 어떻든 절대로 휘둘릴 필요가 없다.

월세로 연봉받는 부자가 되고 싶다면

정부 정책에 귀 기울이고 정책에 맞는 투자 전략을 세워라.

아파트 가격, 오를까 내릴까

수요와 공급의 법칙,
시장을 읽어야 투자가 보인다

●● 아파트 가격이 연일 뜨겁다. 식을 줄 모르는 용광로처럼 아파트 가격이 펄펄 끓고 있다. 오늘이라도 당장 아파트를 사지 않으면 큰일 날 것처럼 보인다. 누구는 집값이 올라서 웃고, 또 누구는 집값이 올라서 마음속으로 울고 있는 사람이 있을 것이다. 나는 지금 어느 쪽일까? 이 책을 읽고 있는 모든 분이 이왕이면 집값이 올라서 웃고 있는 사람이었으면 좋겠다.

몇 년 전에 집값이 너무 올랐다며 정부 탓, 투기세력 탓을 하면서 간신히 집을 구매한 친구가 있었다. 하지만 집을 사고 난 후 180도 바뀌었다. 그렇게 투덜대던 친구가 집을 소유한 후부터는 집값이 더 올랐으면 좋겠다며 연신 기분이 좋아 보였다.

같은 상황, 같은 사람이라도 입장이 바뀌면 바라보는 시선이 완전히 바뀐다. 부동산 투자자가 되기로 선택했다면 오늘부터 '투자자의 시선'을 갖춰야 한다.

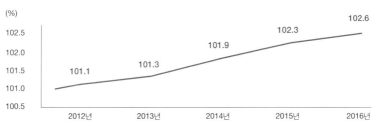

전국의 주택보급률은 102.6%

(%)

| | 2012년 | 2013년 | 2014년 | 2015년 | 2016년 |

102.5
102.0
101.5
101.0
100.5

101.1   101.3   101.9   102.3   102.6

자료 : 국토교통부

그렇다면 투자자로서 우리가 주목해야 할 것은 무엇일까? 바로 시장의 흐름이다. 가격이 오르는 것에만 만족하지 말고, 왜 오르는지를 알아야 한다. 일부 전문가들의 말대로 일본처럼 집값이 폭락할 가능성이 있을지, 만약 그들의 말이 맞았다면 왜 대한민국의 아파트 가격은 자고 나면 올라간 채 떨어질 줄을 모르는 것인지? 이런 것들을 분석할 줄 알아야 한다. 만약 그 이유도 모르고 아파트 투자를 한다면 앞으로 제대로 된 투자를 하기가 힘들 것이다.

여러분은 왜 아파트 가격이 계속 오른다고 생각하는가? 정말 부동산 투기 세력 때문일까? 아니면 물가가 오르니 아파트 가격도 함께 오르는 것일까? 물론 아파트 가격이 오르는 여러 가지 이유가 있겠지만 적어도 이것만 알고 있어도 투자하는 데 많은 도움이 된다. 위 그래프를 보자.

주택보급률은 특정국가 또는 특정지역에 거주하고 있는 가구들의 수에 비하여 주택 공급이 부족한지 또는 여유가 있는지를 총괄적으로 보여주는 양적 지표이다. 즉, 100가구가 있는데 총 주택 수가 100주택이라면 주택보급률은 100%이다.

지역별 주택보급률

구분	2015 주택보급률	2016 주택보급률	구분	2015 주택보급률	2016 주택보급률
전국	102.3	102.6	세종	123.1	108.4
수도권	97.9	98.2	경기	98.7	99.1
서울	96.0	96.3	강원	106.7	106.4
지방	106.5	106.8	충북	111.2	110.7
부산	102.6	102.3	충남	108.3	109.2
대구	101.6	103.3	전북	107.5	107.3
인천	101.0	100.9	전남	110.4	110.7
광구	103.5	104.5	경북	112.5	113.0
대전	102.2	101.7	경남	106.4	106.7
울산	106.9	107.3	제주	100.7	103.1

자료: 국토교통부

주택보급률이 100%를 넘었다면 가구 수에 비해 주택이 많음을 뜻하며, 주택보급률 100% 미만은 가수 수에 비해 주택이 부족하다는 의미이다. 2016년 우리나라 전국 주택 보급률은 102.6%이다. 우리나라의 주택 보급률은 이미 100%가 넘었다. 이제는 주택 공급이 부족한 상황은 아니다. 2020년이 되면 주택보급률은 전국 105%까지 상승할 것으로 예상된다.

주택보급률이 이렇게 높은데 집값은 왜 올라가는 것일까?

정확한 분석을 위해서는 지역에 따라 주택의 증가와 인구의 감소, 증가를 동시에 고려하여 봐야 한다. 즉, 주택 공급이 적은 지역에서 인구가

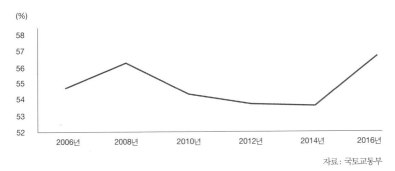

자료 : 국토교통부

늘면 주택보급률은 떨어지고, 인구는 점점 감소하는데 주택 공급량이 증가하면 주택보급률은 높아진다. 지역에 따라 주택보급률의 편차가 커가는 것이 함정이다. 이번에는 지역별 주택보급률을 살펴보자.

서울 및 경기도, 수도권은 주택보급률이 100%가 안 되지만 충북이나, 전남, 경북은 주택보급률이 무려 110%가 넘는다. 편차가 무려 10%가 넘는다. 집 부족 현상이 가장 심각한 곳은 서울이다. 이번에는 자가보유율과 자가점유율을 살펴보자.

'자가 보유율'은 전체 가구 중 자기 집을 가지고 있는 가구의 비율을 의미한다. 자기 집에 자기가 사는 비율은 '자가 점유율'이라고 한다. 2016년 기준으로 자가 보유율은 58%이고, 자가 점유율은 56%로 나타났다. 전체 가구의 60% 정도가 자기 집에서 살고 있거나, 자기 집을 보유하고 있다는 뜻이다.

여기서 주목할 것이 있다. 전국 자가비율은 56%이지만 서울 및 수도권은 50%가 되지 않는다. 두 집 중 한 집은 전세 혹은 월세로 살고 있다

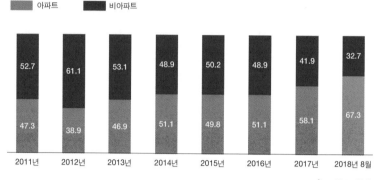

자료 : 국토교통부

는 이야기다. 서울은 자가 비율이 높지 않기 때문에 내 집 마련에 대한 욕구로 인해 집값이 불안정할 수밖에 없다.

2017년 전국 주택의 '자가보유율'은 61%를 기록했다. 하지만 주택보급률이 100%를 넘고 있는 상황에서 자가보유율은 낮은 수치일지도 모른다. 바로 여기에 전국 주택보급률의 함정이 있다. 서울은 지역의 크기에 맞지 않게 공급이 가장 적게 증가하는 지역이다. 물론 인구도 조금씩 줄고 있다. 서울 집값이 비싸 서울 외곽으로 이사하는 것일 수도 있고, 경기도에서 서울로 출퇴근하는 인구가 증가하면서 나타난 현상일 수도 있다. 하지만 서울과 경기를 합친다면 계속해서 인구는 증가하는 추세다.

주택보급률이 100%를 넘어섰다 해도, 꼭 필요한 지역에 주택이 없고 주택을 지을 수도 없다면 이 보급률은 크게 의미가 없는 것이다. 현재 서울의 주택 공급은 점점 줄고 있다. 이처럼 단순히 수요와 공급 법칙만 계산해도 부동산 가격이 오를 수밖에 없는 구조다.

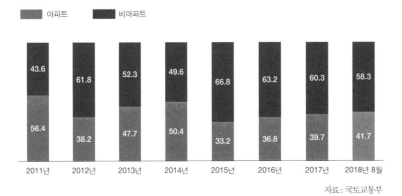

서울 주택 유형별 준공 실적 추이 (단위 %)

■ 아파트 ■ 비아파트

	2011년	2012년	2013년	2014년	2015년	2016년	2017년	2018년 8월
비아파트	43.6	61.8	52.3	49.6	66.8	63.2	60.3	58.3
아파트	56.4	38.2	47.7	50.4	33.2	36.8	39.7	41.7

자료 : 국토교통부

부동산 역시 사는 사람과 파는 사람이 존재하므로 수요와 공급의 원리에 따라 가격이 움직인다. 부동산을 사려는 수요자가 팔려는 공급자보다 많으면 가격이 올라가고, 반대일 경우에는 가격이 떨어진다. 만약이러한 수요와 공급의 원리를 알고 있다면 투자자의 입장에서 가장 먼저 생각할 것은 '공급절벽'과 '공급폭탄'일 수 있다. 따라서 투자하려는 지역이 있다면 수요와 공급이 어떻게 변화하는지 자세히 살펴봐야 한다.

여기서 잠깐 공급에 대해 알아보자.

2018년 전국 아파트의 공급 비중은 67.3%다. 210쪽의 그래프를 보면 2015년부터 계속해서 전국 아파트 공급은 증가하고 있음을 알 수 있다.

자, 이번엔 위의 그래프를 보면 왜 서울 집값이 오르고 있는지, 어째서 집이 부족한지 이해할 수 있을 것이다. 서울은 아파트 공급 비중이 2018년 기준으로 41.7%에 불과하다. 2015년 33.2%에서 2018년 3년 사이에 8%밖에 오르지 않았다. 이제 겨우 40%를 넘겼을 뿐이다. 아파트와 비아파트다세대, 연립를 포함한 총 주택공급량은 충분해 보이지만, 아파트의 공급은 전국 평균에 비해 현저히 낮은 편이다. 즉, 서울의 주택 공급은 겉으로 보기에만 충분해 보이는 것이지 실제 수요자들의 요구에는 미치지 못하는 상태다.

서울의 아파트 공급이 부족한 것은 각종 규제로 인하여 신규 아파트 공급이 원활하지 못한 이유가 크다. 여러 규제로 인해서 재건축과 재개발 사업이 늦어지며 새 아파트 공급이 급격히 감소한 것이다. 그러는 사이 비아파트다세대, 다가구, 연립가 급증한 반면 아파트 공급은 늦어지게 되었다.

즉, 전국적으로 아파트 공급이 꾸준히 늘어나고 주택보급률이 높아지고 있지만 서울 지역을 포함한 (정작 중요하고 필요한) 일부 지역의 아파트 공급은 여전히 부족한 상태이다. 아파트 가격 결정에 있어서 수요와 공급만큼 확실한 요인은 없다고 본다.

이 외에도 아파트값이 오르는 이유에는 정책, 금리, 물가상승, 인구증가와 감소 등 여러 가지가 있다. 투자자라면 큰 흐름을 살피면서 투자할 필요가 있겠다.

> 📊 월세로 연봉받는 부자가 되고 싶다면
>
> **부동산 투자, 긴 안목으로 시장의 흐름을 읽어라.**

돈 되는 아파트 고르는 3가지 방법

똑똑한 한 채를 고르는 데도
요령이 있다

●● 한 날은 수강생 중 한 명이 자기가 낙찰받은 아파트만 오르지 않는 다면서 하소연했다. 어떤 아파트인지 물어보고 조사해 봤더니 오르지 않는 이유밖에 보이지 않는 물건이었다. 이걸 왜 낙찰받고 투자했냐고 물어봤더니 단지 자기 눈에 좋아 보였다고 한다. 시세 대비 가격이 저렴 하다는 이유로 덥석 낙찰을 받은 것이었다.

경매뿐만이 아니라 일반 매매도 마찬가지다. 별다른 분석 없이 단지 가격이 조금 싸다는 이유만으로 투자했다가는 나중에 오르는 아파트를 쳐다보면서 한숨만 내쉴 수 있다. 아파트 투자는 그렇게 어렵지 않다. 어 떻게 보면 공식을 공부하는 것과 비슷하다.

전국에는 수많은 아파트가 있다. 그중에서 과연 돈 되는 아파트의 기 준이 뭘까? 그러면 반대로 돈이 안 되는 아파트는 어느 것일까?

이것만 알고 있으면 충분히 아파트 투자로 돈을 벌 수 있다.

전세가만 알아도 반은 성공한다

아파트에 투자할 때 가장 고려해야 하는 것은 무엇일까? 학군, 교통, 지역 호재 등 여러 가지가 있다. 당연히 이런 것들도 아파트에 투자할 때 고려 대상이다.

하지만 이러한 조건들보다 가장 먼저 알아야 하는 것은 전세가와 매매가의 비율이다. 그러면 왜 전세가의 비율을 알아야 할까? 전셋값은 그 지역 아파트 수요와 인기에 좌우된다. 이렇게 이해하면 쉽다.

"아파트 매매가는 미래의 가치를 의미하고, 전세가는 현재의 수요와 인기를 반영한다."

즉, 매매가에 대비해 전세가가 높다는 말은 지역 내에서 수요가 많고 매우 인기 있다는 증거이다. 또한 집값에 거품이 없다는 뜻인데, 이런 아파트는 전세가가 오르면서 매매가를 올려주기 때문이다.

전세가는 사용가치를 포함한 가격이고, 매매가는 사용가치와 투자가치가 같이 포함된 가격이다. 사용가치란 그 아파트가 가지고 있는 여러 가지 외부 요소 중에서 교통, 학군, 주변 인프라, 자연환경 등 실제로 거주하기에 얼마나 좋으냐의 문제이다. 이러한 사용가치가 전세 시장에 선 先 반영되기 때문에 전세가가 중요하다.

따라서 전세가는 그 지역의 주택가격을 가장 거품 없이 측정할 수 있는 기준이 된다. 전세가가 단순히 매매가를 기준으로만 형성되지 않는 이유이다 매매가가 높다고 꼭 그에 비례하여 전세가가 높은 것은 아니다.

반대로 매매가에 대비해서 전세가가 낮다면, 그만큼 아파트가 고평

가된 것으로 그 아파트의 인기가 높다기보다는 매매가와 전세가 사이에 거품이 많이 끼어 있다는 뜻이다. 이런 아파트는 수요나 인기가 많지 않기 때문에 아파트 가격이 오르는 속도도 느릴 수 있다. 이게 바로 핵심이다. 예를 들어, 강남에 매매가격이 17억 원이고 전세 가격이 10억 원인 아파트가 있다면 매매가 대비 전세가율은 58% 정도이다. 이 경우는 매매가 대비해서 일반인의 인기나 수요가 별로 많지 않다. 이런 아파트는 전세가가 오르는 속도도 느릴 것이다. 반면, 매매가가 2억 5천만 원이고 전세 가격이 2억 2천만 원인 아파트는 전세가가 매매가 대비 90% 정도이다. 이런 아파트는 수요와 인기가 많다는 뜻이며 나중에 전세 가격이 오르면서 매매 가격도 오르게 된다. 결론적으로 전세수요가 많은 아파트는 매매가가 계속 오를 확률이 높다.

이쯤 해서 또 하나 궁금해지는 것이 있을 것이다. 매매가가 오르면 전세가가 오를까?

두 가지는 아무런 관계가 없다. 그 지역에 갑자기 개발 호재가 생기거나 지하철이 들어온다면, 그 아파트의 미래 가치가 올라가기 때문에 매매가도 오르게 된다. 기업이 들어와도 마찬가지다. 개발도 지금 당장 이루어지는 게 아니고, 지하철도 개통되려면 몇 년이 걸리며 기업도 나중에 들어온다. 이 모든 호재가 먼저 반영되어 매매가가 올라가는 것뿐이다. 이럴 때 전세가는 그렇게 오르지 않는다. 조금 전에 이야기한 것과 같이 전세가는 현재의 사용가치, 즉 수요와 인기에 의해 결정되기 때문이다. 매매가가 오른다고 해서 전세가도 같이 오르는 것은 절대 아니다.

매매가와 전세가 비교 사례

출처 : 네이버부동산

이번에는 반대로 생각해보자. 전세가가 오르면 매매가가 오를까? 그
것은 두 가지 경우로 살펴봐야 한다.

첫 번째는 매매가와 전세가의 차이가 클 경우이다. 위에서 살펴보았
듯, 매매가와 전세가의 차이가 크다는 말은 사용가치보다는 미래가치가
크다는 말이다. 또한, 고평가되어 있어 집값에 거품이 어느 정도 끼어 있
다는 뜻이다. 이럴 때는 전세가와 매매가가 아무런 상관이 없다. 대표적
인 지역은 마곡이나 강남, 서초 등이다.

위의 이미지를 보자. 매매가를 보면 18년 11월 기준 13억에서 15억 정
도까지 한다. 전세가가 5억 5천만~6억 5천만 원 사이로 형성되어 있다.
매매가 대비 전세가가 40% 정도이다. 이런 아파트들은 전세가와 매매가
가 아무런 상관이 없다. 흔히 아파트 매매가격은 떨어지는데 전세가는
오른다는 아파트가 이런 경우이다. 이런 아파트들은 전세가가 올라도 매
매가와는 별로 상관이 없다.

두 번째는 매매가와 전세가의 차이가 작은 경우이다. 앞서 말했듯, 매

매가와 전세가의 차이가 작다면 현재 수요가 많다는 뜻이다. 그 말은 인기에 비해서 아직 저평가되어 있으며, 매매가에도 거품이 없다는 뜻이다. 이 경우가 바로 전세가가 오르면서 매매가를 올리는 경우다. 또 전세가가 매매가에 근접하게 되면 전세수요자가 매매수요로 바뀌어 매매 거래가 성사되면서 매매가는 더욱 오르게 된다.

그러면 마지막으로 한 가지 더 의문점이 생긴다. 앞으로 전세가가 계속 오를까, 내릴까?

여기에 대한 여러분의 생각은 어떤가? 이는 경험을 통해 쉽게 판단할 수 있다. 지금까지 살아오면서 집주인이 전세 가격을 내려달라고 한 적이 있는가? 전세를 한 번이라도 살아본 사람을 알 것이다. 집주인이 전세가를 올리면 올렸지 내리지는 않는다. 물론 일시적으로 잠깐 하락할 수는 있으나, 전세가는 한번 정해지면 그 밑으로 떨어지는 게 쉽지 않다.

이처럼 전세가만 알고 있어도 충분히 돈 되는 아파트를 고를 수 있다. 단, 정말 주의해야 할 점이 있다. 아무리 현재 전세가가 높다 해도, 미래에 전세가가 하락할 우려가 있는 지역에 투자해서는 안 된다드물지만 그런 경우가 존재한다. 그러므로 투자자라면 지역 분석을 게을리해서는 안 된다. 투자자가 공부하지 않는다는 것은 투자를 안 하겠다는 말과 똑같다.

아파트 가격이란 오를 때도 있고 내릴 때도 있다. 그러나 장기적으로 오를 수 있는 지역의 아파트를 찾아서 투자하면 실패하지 않을 것이다.

학교에 따라서 아파트 가격은 2배 차이가 난다

아파트를 사는 사람들은 보통 30~40대다. 결혼 후 자녀를 키우는 부부들의 가장 큰 고민은 무엇일까? 바로 자녀 교육 문제이다. 우리나라의 자녀 교육열은 아파트 투자 열기만큼이나 정말 대단하다.

부모들이 아파트를 고를 때 가장 먼저 보는 것은 주변에 학교가 있는지 없는지다. 특히 아파트 근처에 초등학교가 있는 게 가장 좋다. 특히 초등 저학년생들은 통학할 때 안전 문제가 있어서, 학부모들은 학교와 집 사이에 횡단보도가 하나만 있어도 불안해한다. 요즘 초품아(초등학교를 품고 길을 건너지 않는 아파트)라는 말이 유행할 정도다. 이처럼 학교를 갖춘 지역의 수요는 항상 꾸준하다. 같은 아파트단지 내에서도 초등학교, 중학교를 곁에 두고 있는 아파트와 그렇지 않은 아파트의 가격은 크게는 2배까지 차이가 날 수도 있다.

다음의 지도를 한번 보자. 목동 지역으로 한 동네에 건영 아파트와 우성아파트가 있다. 건영아파트는 299세대로 1994년에 준공했으며, 우성아파트는 332세대로 1992년에 준공했다. 준공연도와 세대수도 비슷하며 산을 끼고 정말 가까이 붙어있는데도 가격은 무려 2배 정도 차이가 난다. 왜 그런 것일까? 가장 큰 차이는 바로 초등학교이다. 우성아파트는 초등학교를 바로 품고 있지만 건영아파트 가까이에는 학교가 없다. 같은 84㎡의 매물가격을 보면 가격 차이를 확연히 알 수 있다. 건영아파트가 4억 9천~5억 1천만 원인데 비해, 우성아파트는 9억 5천만~9억 7천만 원이다.

이 외에도 학교를 품고 있는 아파트와 그렇지 않은 아파트의 가격 차

학교 인접성에 따른 아파트 매매가의 차이

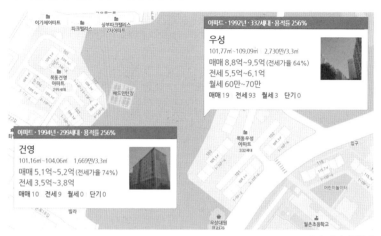

출처: 네이버부동산

이는 쉽게 찾아볼 수 있다. 여기에 더해, 똑같이 학교와 가까운 아파트라도 어떤 단지의 학군이 더 좋다면 그곳의 수요가 훨씬 더 많을 것이다. 이런 아파트들은 오를 때는 빨리 오르고 내릴 때는 천천히 내린다는 특징이 있다. 인기와 수요는 항상 꾸준하며, 그만큼 집값도 지속해서 상승하기 때문이다. '학군이 집값을 올린다'라는 말이 괜히 나온 것이 아니다. 같은 지역이라도 학군에 따라 아파트값이 2배 차이가 날 수도 있다.

투자 포인트를 정리해보자. 학교 근처, 특히 초등학교와 중학교와의 거리가 가깝고 학군이 좋은 아파트를 고른다면 시세 상승기에는 더 많은 수익을 올릴 수 있고 시세 하락기에는 시세 하락을 방어해주는 좋은 안전장치가 될 수 있다.

서울지하철 9호선 노선(예정)

1단계	2단계	3단계	4단계	5단계
개화 ~ 신논현	● 언주 ● 선정릉 ● 삼성중앙 ● 봉은사 ● 종합운동장	● 삼전사거리 ● 삼전 ● 석촌(8호선 환승) ● 방이사거리, 　신방이 ● 올림픽공원 　(5호선 환승) ● 오류 ● 보훈병원	● 길동생태공원 ● 신상일 ● 고덕(5호선 환승) ● 신고덕 ● 샘터공원	● 강일 ● 미사 ● 남양주 양정

대중교통, 역세권의 중요성

앞서 파트3에서 소개한 정프로 님은 확실하고 안전한 투자를 좋아한다. 그래서 항상 역세권 위주로 투자한다. 역세권 지역이 가장 안전하고 투자가치가 높다고 판단해서다.

그러면 왜 사람들은 모두 '역세권, 역세권'하는 것일까?

부동산에서는 교통을 빼놓고는 투자를 논할 수 없다. 역세권은 교통이 편리하여 이동성과 접근성이 좋으며, 또한 주변 인프라가 매우 잘 갖추어져 있다. 그렇기 때문에 역세권 위주로 사람들이 모이고 주거와 상권 수요 두 가지 모두 매우 높다. 이런 이유로 역세권 아파트의 인기 또한 높을 수밖에 없다.

사람들이 집을 구할 때 가장 많이 고려하는 것 중 하나가 바로 대중교통, 특히 지하철을 이용한 이동의 편리성이다. 지하철역과의 근접성은

둔촌현대아파트 84.36㎡의 지난 3년간 매매가 추이

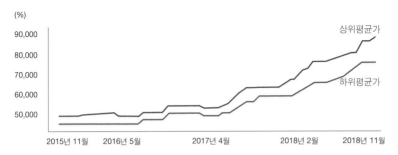

집을 사거나 임대할 때 가장 중요한 조건 중 하나로, 가까이에 지하철이 있느냐 없느냐에 따라 가격이 완전히 달라진다. 요즘에는 역세권이 갑이라는 말도 있다.

그러면 역세권 투자를 위해서는 무엇을 알아야 할까?

일단 지하철 개통 계획과 GTX수도권 광역급행철도 노선부터 공부할 필요가 있다. 앞으로 지하철 노선이 개통되는 지역과 GTX 노선이 들어서는 지역에 투자한다면 큰 시세 상승을 기대할 수 있을 것이다.

9호선은 현재 연장 공사가 한창 진행 중이다220페이지 표 참고. 만약 그 지역에 없던 지하철이 들어선다면 이것만큼 큰 호재는 없으며, 집값도 무조건 올라갈 수밖에 없다. 9호선 연장으로 한창 공사 중인 중앙보훈병원 지하철역을 보면 알 수 있다. 9호선 연장선 개통을 몇 달 남겨두고 마무리 공사가 한창 진행 중이다.

위의 그래프를 보면 9호선이 연장이 발표된 후, 몇 년 사이에 아파트 가격이 급속도로 올라가고 있음을 알 수 있다. 2015년도에 4억 중반에 거래되던 84㎡ 아파트의 매매가가 지금은 9억 원에 육박한다. 이는 앞으로

GTX(수도권광역급행철도) A, B, C 노선도

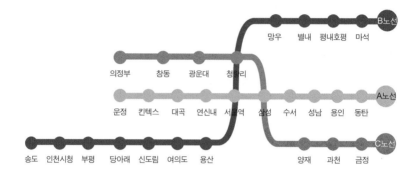

9호선 지하철이 준공된 이후 더 오를 거라는 기대감이 반영된 것이다. 돈은 지하철을 따라 움직인다는 말도 있다.

현재 공사가 한창 진행 중인 GTX 노선이다. 일반 지하철보다 3~4배 빠르게 서울과 경기도를 오갈 수 있는 GTX 인근 지역이 새로운 투자처로 급부상하고 있다. GTX 역세권이 될 것으로 예상되는 아파트의 투자수요가 급증한 것은 물론, GTX 예정지인 운정신도시는 벌써 집값이 상승곡선을 그리고 있다.

GTX 노선이 들어가는 곳들은 기존 교통인프라가 부족했던 지역들이다. GTX가 들어서는 지역인 경기도 파주의 경우, 현재는 삼성역까지 1시간 넘게 걸리지만 GTX가 개통되면 20분 만에 도착한다. 그리고 동탄에서 삼성역까지의 소요 시간도 20분밖에 걸리지 않는다. 이처럼 GTX는 서울이나 강남으로의 접근성을 획기적으로 개선해 주므로 효과가 매우 크다. 9호선 연장과 신분당선 개통으로 인해 인근 지역 아파트값이 크게 상승했던 것처럼 고속전철 개통 시기가 점점 다가올수록 역세권 주변 아파트 가격은 오를 가능성이 매우 크다.

현재 A노선은 2023년, B노선은 2025년, C노선은 2024년을 개통을 목표로 공사가 진행 중이다.

🏢 월세로 연봉받는 부자가 되고 싶다면

전세가와 매매가 비율, 인근의 학교와 교통을 반드시 확인하라.

집으로 돈 버는 시대는 끝났다?!

지금 사면 늦지 않았냐고?
아파트 투자 성공 전략

●● "나도 이제부터 부동산 투자를 한번 해볼까?"

부동산 투자하면 가장 먼저 떠오르는 것이 아파트 투자이다. 실제로 아파트는 가장 많이, 가장 쉽게 접근하는 투자처이다. 다른 투자에 비해 정형화되어 있고 정보나 데이터 또한 조금만 조사하면 누구나 알 수 있기 때문이다.

그러나 아파트 투자라고 해서 모두 성공하는 것은 아니다.

나는 아파트 투자와 관련해 나만의 원칙이 있다. 그 기준을 벗어나면 아무리 좋은 아파트이고 저렴한 급매물이 있다 해도 투자하지 않는다. 당장은 싸게 샀다고 기뻐할지 모르나, 나중에 보면 집값이 오르지 않으며 잘 팔리지도 않는 물건이기 쉽다. 가격이 저렴하다면, 다 이유가 있기 마련이다.

아파트에 투자할 때에도 전략이 반드시 있어야 한다. 무턱대고 아파트만 산다고 오르는 게 절대 아니다. 내가 아파트에 투자할 때 가장 우선으로 생각하는 것은 다음과 같다.

"현재의 부동산 가격을 보는 게 아니라 미래의 부동산 가치를 본다."

이것이 내가 가진 '아파트 투자의 제1원칙'이다. 이것은 주식 투자가로 유명한 워런 버핏의 투자 방법과 매우 비슷하다.

주식 투자를 할 때에는 시세를 보지 말고 가치를 보라.

― 워런 버핏

투자하기 전에 나는 그 아파트에 대해서 끊임없이 분석하고 또 분석한다. 그래야지만 외부환경에 흔들리지 않을 수 있다.

몇 년 전, 한 신문사가 '이제 부동산으로 돈 버는 시대는 끝났다'라는 기사를 연일 쏟아 냈었다. 미분양은 넘쳐나고 대출도 규제하며 세금도 늘어나는 상황에서 앞으로 부동산 투자로 돈 벌기는 힘들 것이란 기사였다. 이런 전망에 더하여 부동산 시장이 침체하고 있다는 보도가 많이 나오면 어떻게 될까? 당연히 아파트에 투자하는 사람이 줄어든다. 사람들이 아파트를 사지 않으니 전세 수요가 더 증가하고, 전세가가 올라갈 수밖에 없다.

이럴 때일수록 자신만의 확고한 투자 전략이 필요하다.

남들이 위험하다고 할 때, 지금 투자하면 바보라고 할 때 투자하면 나중에 더 큰 수익으로 돌아온다. 하지만 이런 투자를 하기 위해서는 가장 먼저 부동산을 공부하며 시장을 보는 안목을 키워야 한다. 그래야만 부동산으로 큰돈을 벌 수 있다. 만약 이런 것 없이 투자한다면 한두 번 돈을 벌 수는 있어도 요행에 그칠 가능성이 크다. 궁극적으로 성공할 수는 없는 것이다.

언론에 휘둘리지 않으려면 나만의 전략이 필요하다

언론이 '부동산으로 돈 버는 시대는 끝났다'라고 말하던 그때, 나는 일반 매매보다 더 낮은 금액으로 아파트를 샀다. 이후 전세를 주고 기다렸더니 전세가는 전세가대로 오르고, 덩달아 매매가까지 계속 올라가면서 큰 이익을 봤다. 언론에 흔들리지 않고 과감하게 투자를 할 수 있었던 이유는 끊임없는 분석과 공부로 나 자신만의 기준을 가지고 있었기 때문이다.

부동산은 권리분석처럼 공식으로 100% 움직이지 않는다. 말소기준을 찾고 말소기준 이전에 전입한 사람은 대항력이 없는 것처럼, 부동산 가격은 정확하게 내려가는 것이 아니다. 모든 지역에 똑같은 공식이 적용되는 것이 아니기 때문이다. 전체적으로 가격이 하락할 때에도 분명 오르는 지역 또는 물건이 있다. 그것을 찾고 기다리면 나중에 큰돈을 벌 수 있다.

언론이나 뉴스 기사를 무조건 믿어서는 안 되는 것이다. 말 그대로, 눈에 보이는 게 전부가 아니다. 수업을 듣는 수강생들에게도 반은 믿고 반은 믿지 말라고 한다. 기자나 전문가들은 훗날 '예측이 잘못되었다, 예상을 빗나갔다'라고 전하면 끝이다. 그 말을 믿고 투자를 미뤘다고 해서 그들이 당신의 재산을 책임져 주지 않는다. 반대로 무조건 상승을 예측하거나 여기는 반드시 뜬다는 등의 이야기도 마찬가지다.

부동산 투자는 무엇보다도 그 지역의 흐름을 아는 것이 매우 중요하다. 지방 아파트 투자도 그렇다. 요즘과 같은 시기에 지방에 누가 투자하냐고 반문할 수 있지만, 정말로 어리석은 질문이다. 서울과 수도권만 아파트 가격이 오르는 게 아니다. 지방도 지방 나름으로, 오를 곳은 오른다. 지방에 있는 아파트가 경기, 수도권의 아파트보다 더 큰 수익을 안겨다 줄 때도 있다. 물론 지방 아파트 투자를 위해서는 더 많은 공부와 지역 분석이 필요하지만, 그것은 어떤 투자든 마찬가지다. 리스크 없는 투자는 절대 없다. 그래서 투자인 것이다. 리스크를 줄이는 방법은 단 하나, 준비와 공부뿐! 아무런 노력 없이 돈을 벌겠다는 건 부자가 되지 않겠다는 말과 똑같다.

지금까지 역대 정부의 부동산 시장 시세 흐름을 살펴보면 한 번 집값이 뛴 후 다시 내려온 경우는 별로 없었다. 일시적인 하향은 있을 수 있어도 결국 부동산 시장은 시간이 지나면서 우상향으로 흘러가게 된다. 지금 당장 눈앞에 보이는 이익과 손해에만 집중하지 말고 부동산 가치를 보는 눈과 중장기적 안목으로 부동산 시장을 바라봐야 한다. 더불어 정부 규제에 맞서는 것보다는 이러한 규제를 피해 가는 지역 분석을 통해 미래가치를 발견하는 지혜가 필요한 시점이다.

자신만의 확실한 투자 전략 없이는 부동산으로 성공하기 힘들다. 그리고 투자 원칙이 흔들려서는 부동산으로 부자가 될 수 없다. 그렇다면 남들보다 빨리, 그리고 더 많이 벌기 위해서는 어떤 전략이 좋을까?

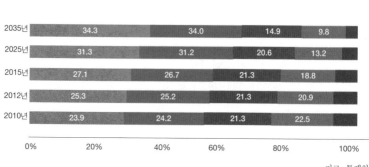

꾸준히 증가하는 1~2인 가구 vs 줄어드는 다인 가구

	1인	2인	3인	4인	5~7인

2035년	34.3	34.0	14.9	9.8	
2025년	31.3	31.2	20.6	13.2	
2015년	27.1	26.7	21.3	18.8	
2012년	25.3	25.2	21.3	20.9	
2010년	23.9	24.2	21.3	22.5	

0%   20%   40%   60%   80%   100%

자료 : 통계청

소형아파트에 투자해라

나의 두 번째 아파트 투자 전략이다. 그러면 왜 하필 중대형도 아닌 소형 아파트란 말인가? 그것은 인구변화와 아주 밀접한 관련이 있다. 대가족 에서 핵가족으로 주된 가족의 형태가 바뀐 것은 주지의 사실이다. 여기 서 나아가, 앞으로는 1~2인 가구가 더욱 늘어날 것으로 예상된다. 이러 한 사회적 흐름으로 볼 때 자연히 중대형 평수보다는 소형 평수에 대한 수요가 늘어나서 임대가격이나 매매 가격이 오를 확률이 높다.

위의 표를 봐도 알 수 있다. 앞으로 1~2인 가구의 증가로 인해 소형아 파트가 점점 매력적인 투자처로 자리 잡을 것이다. 그렇다면 소형아파트 라고 무조건 투자해도 될까? 당연히 소형아파트도 옥석 가리기가 필요 하다. 그러면 투자가치 높은 소형아파트는 어떻게 고를 수 있을까?

소형아파트를 매입할 때에도 지역 분석, 입지, 가격, 공급량 등 여러 가지 상황을 고려해서 신중하게 투자해야 한다. 그래서 소형아파트에 투자할 때는 다음과 같은 것을 꼭 점검하는 것이 좋다.

❶ 고가의 소형아파트는 피해야 한다

소형아파트는 가격이 1억 원 이하의 물건을 투자하는 것이 좋다. 전세를 낀 소형아파트 물건이라면 2천만 원 이하의 투자금이 가장 적합하다. 실수요자들에게 다시 매도할 때, 가격 부담을 느끼지 못하는 가격으로 매매를 해야 하기 때문이다.

❷ 인구수와 세대수가 같이 증가하는 지역이어야 한다

부동산 가격이 오른 곳은 인구수가 계속해서 유입되거나 증가하는 지역이다. 이런 지역에 아파트에 대한 수요가 많은 것은 당연한 논리이다. 수요가 많으면 당연히 인기가 많다. 그렇게 되면 자연스럽게 아파트 값은 올라간다.

소형아파트 투자로 수익을 보려면 전세가도 올라야 하고 매매가도 함께 올라야 한다. 즉, 전세에 대한 수요가 많아야 한다. 그 지역에 인구가 계속해서 늘어나면 어떻게 될까? 그래서 인구가 늘어나고 세대수가 함께 증가하는 지역은 그렇지 않은 지역보다 소형아파트 투자로 성공할 확률이 좀 더 높다.

❸ 주변 아파트의 공급량을 확인해야 한다

중대형아파트 투자도 마찬가지지만 소형아파트에 투자하려면 그 지역의 아파트 공급량을 반드시 확인해야 한다. 그에 따라서 내가 투자한 아파트의 가치가 완전히 달라지기 때문이다. 만약 내가 투자한 아파트 주변에 향후 몇 년 이내로 아파트 공급량이 많아진다면 매매가나 전세가가 하락할 뿐만 아니라 공실의 위험이 생길 수 있다.

아파트 가격이 상승하고 하락하는 데는 여러 요인이 있지만, 그중에서도 공급량이 가장 큰 영향을 미친다. 따라서 돈 버는 아파트에 투자하기 위해서는 공급량 확인이 필수다.

❹ 세대수가 아파트 가치에 영향을 준다

아파트 투자에서 세대수는 정말 중요하다. 나는 아파트 정보를 확인할 때 세대수를 가장 먼저 확인한다. 세대수가 많을수록 주변 인프라가 잘 갖추어져 있고 교육환경도 좋으며, 교통문제 또한 계속해서 개선될 수 있다. 공동비용의 관리비도 절감된다. 그러므로 세대수에 따라서 아파트 가격이 달라지는 경우가 많다.

아파트 투자를 하기 위해서는 700세대 이상은 되어야 한다. 세대수가 많을수록 좋은 점 중 하나는 공동비용의 관리비 절감이다.

단, 세대수와 관련해서도 주의할 점이 있다. 시장이 상승할 때 대단지 아파트들이 특히 다른 아파트에 비해서 많이 상승하는 것은 맞지만, 일반적인 현상이지 절대적인 것은 아니란 점이다.

❺ 분산투자해라

주식 투자에 보면 "계란을 한 바구니에 담지 말라"는 말이 있다. 바로 분산투자를 강조한 말이다. 분산투자란 투자에 따른 위험부담을 분산할 목적으로 여러 업종이나 종목에 분산해서 투자하는 것을 말한다.

부동산 투자도 마찬가지다. 한 지역만 보기보다 여러 지역을 고루 투자 대상으로 삼아야 한다. 분산투자를 하면 실패하더라도 큰 타격이 없어서 리스크가 비교적 적다는 것이 가장 좋은 점이다. 여러 지역의 소형 아파트에 분산투자하면, 만약 어느 한 부동산의 수익률이 높지 않더라도 다른 부동산으로 보완할 수 있다. 이런 부동산 투자는 안전하고 실패할 확률이 낮다.

워런 버핏이 밝힌 두 가지 투자 원칙이 있다.

규칙 1, 절대로 돈을 '잃지' 마라.
규칙 2, 첫 번째 규칙을 결코 '잊지' 마라.

즉, 잃지 않는 투자가 곧 성공 투자라는 뜻이다.

소형아파트에 대한 수요가 증가하는 만큼 부동산 투자가치로서도 점점 높아지고 있다. 게다가 소형아파트는 중대형 아파트보다 투자금이 적게 들어가기 때문에, 젊은 투자자들에게 매력적인 투자처가 아닐 수 없다.

월세로 연봉받는 부자가 되고 싶다면

소형아파트의 미래가치에 주목하라.

이것도 모르고 아파트 투자를 한다고요?

초보 투자자를 위한
아파트 투자 기초 상식

●● 모델하우스나 부동산중개업소에 가면 '판상형'과 '타워형'이라는 말을 들을 수 있다. 아파트청약을 할 때도 마찬가지다. 같은 면적이라도 어떤 구조를 선택하느냐에 따라, 동일한 분양가임에도 훗날 가치가 달라질 수 있다. 그래서 구조는 아파트를 선택할 때 매우 중요한 조건 중 하나다. 아파트 구조는 크게 판상형과 타워형 구조로 나뉜다.

판상형은 성냥갑 형태의 반듯한 네모 모양으로, 일자형으로 배치된 아파트다. 가장 보편적이면서도 일반적인 구조로, 한 동이 남향이면 남향, 동향이면 동향 등 한쪽으로 배치되어 있다. 과거에는 판상형 아파트가 압도적으로 인기를 끌었다. 2000년대 들어 타워형 아파트가 들어서면서 선호도가 약간 줄었으나, 판상형 특유의 장점으로 최근에는 또다시 인기가 높아지고 있다.

판상형 아파트의 가장 큰 장점은 대개 남향 위주로 배치되기 때문에 채광이 매우 좋아 일조량이 풍부하다는 것이다. 또한, 창문을 열면 맞통

풍으로 환기가 잘된다. 정남향 방향일 경우에는 햇볕이 온종일 들어와서 난방비 절감 효과도 누릴 수 있다.

단점은 외관이 단조롭다는 것, 앞 동으로 인해서 조망권 확보의 어려움이 있을 수 있다는 것 등이다. 따라서 일조권이 영향을 받기 때문에 동 간 거리도 중요하다.

이번에는 탑상형이라고도 불리는 타워형 아파트의 장단점에 대해서 알아보자. 타워형의 장점은 무엇보다 화려하고 멋진 외관이다. 판상형에 비해 조망권을 최대한 확보할 수 있는 것도 장점으로, 남향 위주로 일원화된 판상형 구조에서는 보기 힘든 구조이다.

타워형은 주로 초고층 아파트에서 많이 볼 수 있으며 대표적으로는 도곡동에 '타워팰리스', 목동의 '트라팰리스', 마포구의 '메세나폴리스' 등이 있다. 부산 해운대구의 '해운대 아이파크'와 '해운대 두산위브 더 제니스' 또한 대표적인 타워형 아파트이다. 이처럼 외관이 화려하고 고급적인 외관을 가진 타워형이지만 단점도 적지 않다. 우선 남향 위주로만 배치하기에는 무리가 있으므로 방향에 따라 채광이 덜 들어오기도 한다. 다음으로 통풍성이 떨어지기 때문에 환기하기 어렵다는 점이 있다.

이처럼 판상형과 타워형 구조 둘 다 장단점이 분명하다. 우리나라 대부분 사람이 주로 선호하는 주거 조건상 판상형 구조가 좀 더 인기가 많지만, 판상형 아파트라고 무조건 좋기만 한 것은 아니다. 거주자의 생활방식과 입지 요인도 함께 고려해야 한다. 특히 입지 요인에 따라 판상형과 타워형에 대한 선호도가 달라지는 경우가 많다.

아파트 가격을 결정하는 향과 층

아파트를 알아보다 보면 같은 단지 내에서도 전세가나 매매가의 차이가 크게 나는 경우를 볼 수 있다. 왜일까?

❶ 방향

아파트를 선택할 때 사람들이 가장 먼저 물어보는 것 중 하나가 집의 '방향'이다. 햇빛을 확보할 수 있는 가장 중요한 요소이기 때문에, 같은 아파트 단지 내에서도 방향에 따라 그 가치가 완전히 달라진다. 일반적으로 남향을 가장 선호한다.

만약 모든 아파트가 남향이라면 아무런 문제가 없겠지만, 현실적으로 불가능하다. 남향인 아파트의 가격이 좀 더 비싼 이유이다. 요즘에는 남동향, 남서향 등 혼합으로 배치하는 아파트도 많으므로 방향을 잘 알아보고 선택해야 나중에 후회하지 않는다. 같은 단지 내에서도 시세가 싸면 그만큼 이유가 있다는 것을 염두에 두자.

방향에 따른 장단점을 간단히 정리하자면 우선 남향은 해가 잘 들어오며, 여름엔 시원하고 겨울에는 따뜻하다. 이로 인해 냉난방비가 절감되는 장점이 있으며, 해가 뜨는 아침부터 해가 지는 저녁까지 온종일 햇빛이 들어오기 때문에 집이 환하다.

동향은 남향 다음으로 선호하는 타입으로 해가 가장 빨리 들어오지만 오후에는 햇빛이 잘 들어오지 않는다. 여름에는 시원하지만 겨울에는 춥다는 단점이 있다.

서향은 동향과 반대로 오후부터 시작해서 오후 늦게까지 햇볕이 잘 들어온다. 그래서 겨울에는 따듯하지만 여름에는 비교적 조금 덥다.

북향은 사람들이 가장 꺼리는 타입으로 햇볕이 잘 들어오지 않기 때문에 낮에는 어둡고 겨울에는 더 춥다. 아는 지인이 시세가 매우 싸다고 해서 제대로 따지지 않고 급매로 샀다가 나중에 팔리지 않아서 고생한 경험이 있다.

❷ 층

방향 다음으로 많이 보는 것은 아파트의 '층'이다. 같은 동이라도 층에 따라서 가격이 완전히 달라진다. 지인이 아파트를 분양받았는데 1층부터 한 층씩 올라갈 때마다 천만 원씩 가격이 올라갔다고 한다. 이처럼 층도 가격을 결정하는 중요한 요소 중 하나다. 그렇다면 몇 층이 가장 좋을까?

아파트는 1층과 저층 그리고 탑층과 로열층으로 구분할 수 있다.

1층의 장점은 층간소음에서 매우 자유롭다는 것이다. 어린아이들이 있는 집의 경우, 마음껏 뛰어놀아도 되는 1층을 선호하기도 한다. 엘리베이터를 기다릴 필요도 없다. 가격이 다른 층에 비해 평균 5~10% 정도가 저렴하다는 것도 장점이다.

그러나 1층은 외부에서 거실이나 집안이 전체적으로 보인다거나 현관문 밖으로 집 안 소리가 들리는 등의 사생활 침해 우려가 있다. 조망권이나 일조권 확보에도 어려움을 겪을 수 있으며, 벌레가 들어오고 배수관이 역류하거나 하수구 냄새가 날 수도 있다. 팔 때 고층보다 제대로 된 시세를 받기 어렵다는 점도 단점으로 꼽힌다.

반대로 고층은 층이 높아서 조망권이나 일조권이 좋고 사생활 침해 걱정이 없다. 로열층 같은 경우에는 집을 팔 때도 저층보다 조금 더 높은 가격을 받을 수 있다. 하지만 여름에는 조금 더운 편이고 겨울에는 추우며, 특히 탑층은 결로가 생길 수도 있고 선호도가 살짝 낮다.

저층과 고층은 서로 장단점이 다르다. 그래서 실거주 목적이냐 투자 목적이냐에 따라서 자신에게 맞는 층을 고르는 것이 좋다. 만약 실거주 목적보다 투자 목적이라면 저층보다는 로열층을 선택하는 것이 맞다. 처음에는 로열층 가격이 조금 더 높기는 하지만 인기나 선호도가 높은 만큼 나중에 매매할 때 먼저 거래되고 그만큼 가격을 높게 받을 수 있다.

세대수를 꼭 확인하자

"1000세대 대단지 아파트 분양!"

이런 문구를 본 적이 있을 것이다. 세대수가 많을수록 아파트 가격에 유리한 영향을 미치기 때문이다. 분양뿐 아니라 전세나 매매를 할 때도 세대수가 상당히 중요하다. 세대수가 아파트 가격에 영향을 미치는 이유는 앞서 설명한 바와 같다. 일반적으로 세대수가 많을수록 주변 인프라나 생활 편의 시설이 잘 갖추어져 있으며, 공동관리비가 절감되기 때문이다. 실제로 2000세대인 아파트의 전용면적 135㎡의 관리비와 200세대의 전용면적 84㎡의 공동관리가 비슷하게 나오기도 한다.

세대수를 선택할 때는 500~700세대를 기준으로 하는 것이 좋다. 1000세대가 넘어가면 세대수 측면에서는 좋은 아파트라 할 수 있고, 주변 상권 역시 대체로 형성이 잘되어 있다. 하지만 100~200세대인 나홀로 아파트라면 선호도가 낮고 같은 조건이어도 매매가에 차이가 크게 난다. 아무래도 세대수가 적은 경우보다는 세대수가 많은 아파트가 가격 형성에 조금 더 유리한 것이다.

그러나 단지 세대수만으로 아파트 가격이 결정되지는 않는다. 세대수는 아파트 가격을 결정하는 여러 요소 중 하나이며 다른 여러 조건까지 두루 살펴본 후 결정하는 것이 좋다.

그 외 아파트 선택 시 꼭 살펴봐야 하는 것

❶ 아파트 연식

구축 아파트와 신축 아파트의 가격이 비슷하다면, 여러분은 어느 아파트를 선택할 것인가? 아무래도 오래된 아파트보다 새 아파트에서 살고 싶을 것이다. 당연한 이야기지만, 아파트를 선택할 때는 아파트의 연식도 중요하다. 아파트 가격과 연결되기 때문이다. 새 아파트일수록 더 비싼 값에 팔리는 현상이 두드러진다.

오래된 아파트일수록 인테리어 비용과 수리비가 많이 들며 지하주차장이 없거나 주차공간이 협소할 수 있다. 아파트 자체도 노후화가 빨리 진행되기 때문에 부분 보수를 통해 사용하기에 한계가 있다. 아파트 내

부를 잘 보수한다고 해도 오래된 아파트의 공용 부분은 수리가 쉽지 않다. 반면 새 아파트는 인테리어나 수리 비용이 거의 들지 않고 최신 트렌드에 맞는 설계와 조경으로 주거환경이 우수할 수 있다. 특히 노후화된 신도시 내에서 새 아파트는 더욱 '희소성'이 있고 인기가 높다.

❷ 발코니 확장

발코니 확장이란 아파트에 서비스로 제공되는 발코니 면적을 거실 또는 방의 용도로 전환해 사용하는 것을 말한다. 2006년부터 합법화되었으며 같은 면적이라도 발코니를 확장한 집이 훨씬 넓어 보인다. 발코니를 확장하면 전용 85㎡를 기준으로 4~5평 정도 면적이 더 늘어나 공간을 더 넓게 사용할 수 있다.

발코니를 확장할 경우, 그러지 않은 집보다 여름에는 실내 온도가 상승하고 겨울에는 실내 온도가 내려가 냉난방비가 증가한다. 확장한 만큼 발코니 공간이 사라지기 때문에 창고 등 수납공간이 줄어들 수 있다. 만약 집주인이 개별적으로 발코니를 확장한 경우라면 단열재 및 결로 방지를 위한 창틀이나 이중창이 제대로 설치되어 있는지 확인해야 한다.

최근 새롭게 지어지는 아파트들은 처음부터 여러 단점을 최대한 보완해서 발코니 확장을 하고 방이나 거실 면적을 좀 더 넓게 사용할 수 있다는 장점이 있다.

❸ 조경 및 공원

살기 좋은 아파트의 기준과 주거 트렌드는 계속해서 변한다. 이러한 변화로 인해 아파트 시장에서도 조경의 중요성이 강조되고 있다. 80~90년대만 하더라도 단지 내 조경은 그다지 중요하지 않았다. 하지만 최근 들어 건강과 힐링을 중시하는 라이프스타일의 변화로 아파트 중에서도 조경이 잘 되어 있는 아파트에 관심이 높으며 그 가치 또한 상승하고 있다. 조경 시설이 잘 갖춰진 아파트는 삶의 질을 올려주고 삶의 만족도를 높여준다.

아파트 단지 내에 조경이 잘 갖추어져 있다거나 여유로운 삶을 즐길 수 있는 공원이 근처에 있다면 앞으로도 그만큼 가치가 높아질 것이다.

🏢 월세로 연봉받는 부자가 되고 싶다면

이외에도 본격적인 투자를 위해서는 공부할 것이 많다.
머리로 이해하고, 눈으로 확인하고, 발로 뛰어 찾으면서
지금 혹은 미래의 투자를 부단히 준비하라!

더 많은 분들과, 더 넓은 길로 나아가는 날을 꿈꿉니다

안녕하세요. 김코치입니다.

네이버카페 '김코치재테크'는 부자가 되기로 결심한 사람들이 모여 경제적인 자유를 꿈꾸고 그 꿈을 이뤄 나가기 위해서 재테크를 배우고 투자에 대한 고민도 나누며 함께 봉사활동도 하는 공간입니다. "빨리 가려면 혼자 가고 멀리 가려면 함께 가라"는 말처럼 많은 분들이 오셔서 의지하고 서로에게 힘이 되었으면 좋겠습니다.

부자가 되는 길은 혼자서 가기에는 조금 외롭고 힘듭니다. 중간에 포기하고 싶을 때도 오기 마련입니다. 그럴 때 고민을 토로할 수 있는 소통의 공간이 있다면 어떨까요? 이외에도 다양한 재테크 강의가 준비되어 있습니다. 여러분이 경제적인 자유로 가는 길에 하나의 디딤돌이 되었으면 하는 바람입니다.

부자가 되기는 쉽지 않지만, 그렇다고 아주 어렵지도 않습니다. 이미 경제적 자유를 이룬 사람들이 많은데, 나 역시 그러한 부자가 되지 말란 법은 어디에도 없습니다. 단, 결심하고 행동하는 사람에게 기회가 주어지지 않을까요? 그러니 과거가 어떠했든, 현재 무엇을 하고 있든, 그리고 나이에 관계없이 지금 바로 시작하시길 바랍니다. 늦으면 늦는 대로, 빠르면 빠른 대로 그에 맞게 행동하고 노력하면 됩니다.

한 가지 분명한 사실은 시작조차 하지 않으면 부자가 되는 일은 영영 불가능하다는 것입니다. 이 책을 읽었다면 투자, 그중에서도 부동산 경매라는 주사위를 이미 손에 쥔 셈입니다. 머릿속으로 고민하며 그 주사위를 계속 쥐고만 있지 말고, 1이 나오든 6이 나오든 결과를 한번 확인하길 바랍니다. 첫 시작은 그렇게 하면 됩니다. 부자가 되기 위한 첫 발걸음을 떼면 그다음은 어렵지 않습니다. 우리 모두의 행복과 경제적인 자유를 기원하며 이 책을 마칩니다.